bikeline

Was ist bikeline?

Wir sind ein Team von Redakteuren, Kartografen, Geografen und anderen Mitarbeitern, die allesamt begeisterte Radfahrerinnen und Radfahrer sind. Ins „Rollen" gebracht hat das Projekt 1987 eine Wiener Radinitiative, die begonnen hat, Radkarten zu produzieren. Heute tun wir dies als Verlag mit großem Erfolg. Mittlerweile gibt's bikeline® Bücher in fünf Sprachen und in vielen Ländern Europas.

Um unsere Bücher immer auf dem letzten Stand zu halten, brauchen wir auch Ihre Hilfe. Schreiben Sie uns, wenn Sie Unstimmigkeiten oder Änderungen in einem unserer Bücher entdeckt haben.

Wir freuen uns auf Ihre Rückmeldung (redaktion@esterbauer.com),

Ihre bikeline-Redaktion

Vorwort

Im lebhaften, bunten Amsterdam beginnen Sie Ihre Tour an den Ufern des IJsselmeeres – die sogenannte Zuiderzeeroute. Sie werden urige kleine Hafenstädte, kulturelle Schätze, wunderbare Sandstrände, verwinkelte Gassen in den großen Städten, herzliche Menschen und auch holländische Spezialitäten genauso kennen und schätzen lernen wie die besondere Gastfreundschaft in den Niederlanden!

Die Route führt Sie an die Nordseeküste und Sie können entscheiden, ob Sie einerseits über den Abschlussdeich radeln oder andererseits die beiden Inseln Texel und Vlieland mit ihren großartigen Stränden und wunderschönen Ausblicken durchstreifen.

Präzise Karten, genaue Streckenbeschreibungen, zahlreiche Stadt- und Ortspläne, Hinweise auf das kulturelle und touristische Angebot der Region und ein umfangreiches Übernachtungsverzeichnis – in diesem Buch finden Sie alles, was Sie zu einer Radtour rund ums IJsselmeer brauchen – außer gutem Radlwetter, das können wir Ihnen nur wünschen.

Kartenlegende

Radrouten (cycling routes)

Hauptroute, wenig KFZ-Verkehr
(main cycle route, low motor traffic)

- asphaltiert (main cycle route, paved surface)
- nicht asphaltiert (main cycle route, unpaved surface)
- schlecht befahrbar (main cycle route, bad surface)

Hauptroute, autofrei / Radweg
(main cycle route, without motor traffic / cycle path)

- asphaltiert (cycle path, paved surface)
- nicht asphaltiert (cycle path, unpaved surface)
- schlecht befahrbar (cycle path, bad surface)

Ausflug od. Variante, wenig KFZ-Verkehr
(excursion or alternative cycle route, low motor traffic)

- asphaltiert (excursion or alternative route, paved surface)
- nicht asphaltiert (excursion, unpaved surface)
- schlecht befahrbar (excursion, bad surface)

Ausflug od. Variante, autofrei / Radweg
(excursion or alternative route, without motor traffic / cycle path)

- asphaltiert (excursion or alternative route, paved surface)
- nicht asphaltiert (excursion, unpaved surface)
- schlecht befahrbar (excursion, bad surface)

Sonstiges (other cycle routes)

- sonstige Radroute (other cycle route)

- verkehrsreiche Radroute (cycle route with significant motor traffic)
- Kopfsteinpflaster (cobbled street)
- Einbahnführung (one-way connection)
- Fährverbindung (ferry connection)
- unbekannter Belag (road surface unknown)
- Tunnel (tunnel)
- Schiebestrecke (dismounting recommended)
- Zugverbindung (train connection)
- Radweg in Planung (planned cycle path)
- Radweg gesperrt (closed cycle path)
- Radstreifen mit Verkehr (cycle lane)
- Radstreifen, straßenbegleitender Radweg (cycle path along road)
- Straße für Radfahrer gesperrt (road closed to cyclists)
- Beschriebene Fahrtrichtung (described direction)
- 5 Wegpunkt (waypoint)

Steigungen / Entfernungen (gradient / distance)

- starke Steigung (steep gradient, uphill)
- leichte bis mittlere Steigung (light gradient, uphill)
- 2,4 Entfernung in Kilometern, gerundet (distance in km, rounded)

Radinformationen (important cycling information)

- Fahrradwerkstatt* (bike workshop*)
- Fahrradvermietung* (bike rental*)
- überdachter Abstellplatz* (covered bike stands*)
- abschließbarer Abstellplatz* (lockable bike stands*)
- E-Bike Ladestation (E-bike charging station)
- Infotafel* (information board*)
- Gefahrenstelle (dangerous section)
- Text beachten (read text carefully)
- Treppe (stairs)
- Tragestrecke (bicycle must be carried!)
- Engstelle* (constriction, bottleneck*)
- 17 42 Knotenpunktnummer der Wegweisung* (nodal point)
- Stadt-, Ortsplan (city map)

Nur in Ortsplänen (symbols only in the city maps)

- Parkhaus* (garage*)
- Theater* (theatre*)
- Post* (post office*)
- Apotheke* (pharmacy*)
- Krankenhaus* (hospital*)
- Feuerwehr* (fire-brigade*)
- Polizei* (police*)

* Auswahl (* selection)

Maßstab 1 : 35.000

1 cm ≙ 350 m 1 km ≙ 2,86 cm

0 1 2 3 4 5 6 7 k

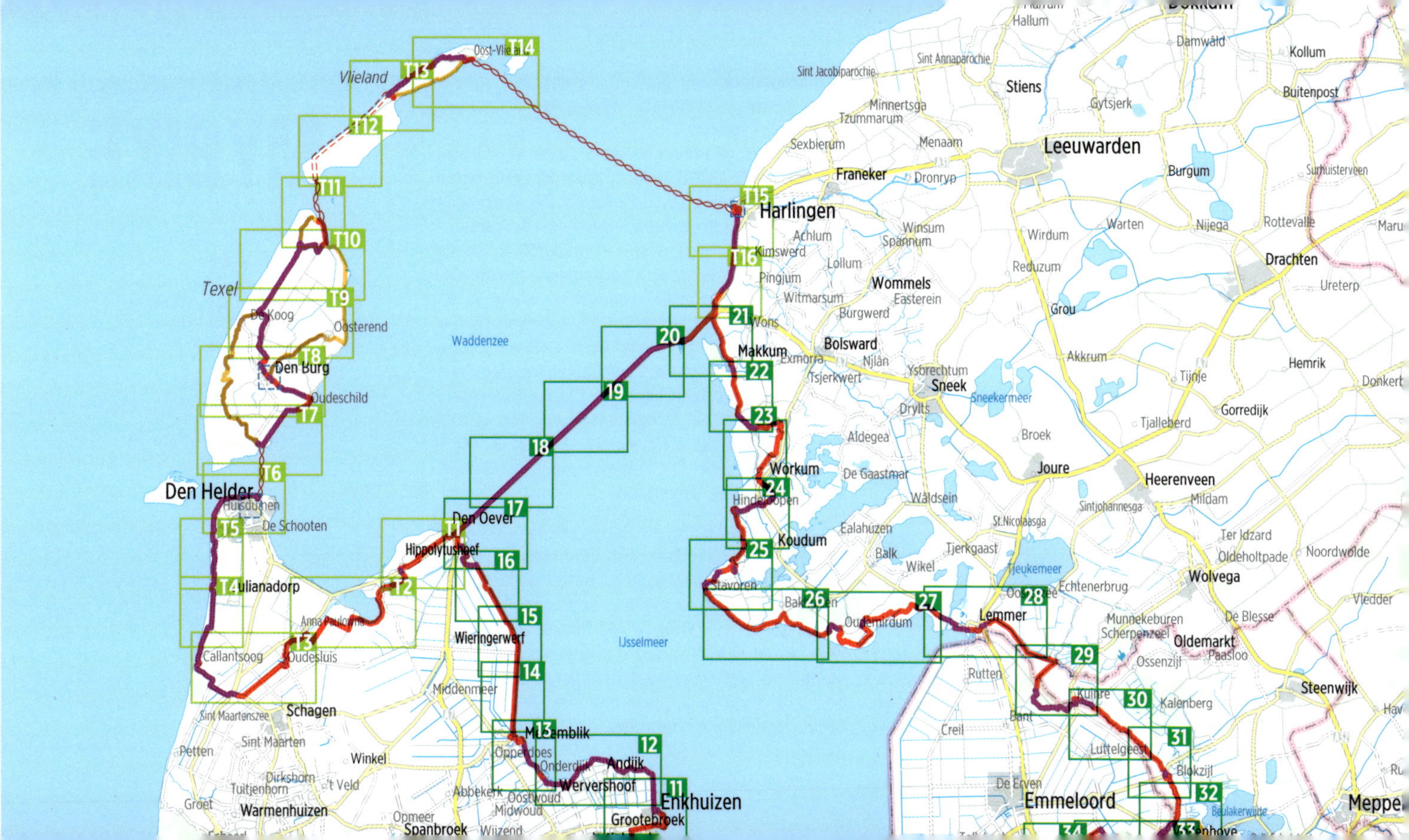
T14
Oost-Vlieland
T13
Vlieland
T12
T11
T10
Texel
T9
De Koog
Oosterend
T8
Den Burg
Oudeschild
T7
T6
Den Helder
Huisduinen
T5
De Schooten
T4
Julianadorp
T3
Callantsoog
Oudesluis
Anna Paulowna
T2
T1
Hippolytushoef
Den Oever
17
16
15
Wieringerwerf
14
Middenmeer
13
Medemblik
Opperdoes
Onderdijk
12
Andijk
Wervershoof
11
Enkhuizen
Grootebroek
Abbekerk
Oostwoud
Midwoud
Opmeer
Spanbroek
Wijzend
Schagen
Sint Maartenszee
Sint Maarten
Petten
Winkel
Dirkshorn
Tuitjenhorn
't Veld
Groet
Warmenhuizen
18
19
20
Waddenzee
IJsselmeer
T15
Harlingen
T16
Achlum
Kimswerd
Pingjum
Witmarsum
21
Wons
Makkum
22
Exmorra
Tsjerkwert
23
Workum
24
Hindeloopen
25
Koudum
Stavoren
26
Bakhuizen
Oudemirdum
27
28
Lemmer
Oosterzee
29
Kuinre
30
31
Luttelgeest
Blokzijl
32
33
Vollenhove
34
Emmeloord
De Erven
Rutten
Creil
Bant
Hallum
Dokkum
Damwâld
Kollum
Sint Annaparochie
Sint Jacobiparochie
Stiens
Gytsjerk
Buitenpost
Minnertsga
Tzummarum
Sexbierum
Menaam
Leeuwarden
Burgum
Surhuisterveen
Franeker
Dronryp
Winsum
Spannum
Wirdum
Warten
Nijega
Rottevalle
Marum
Drachten
Reduzum
Lollum
Wommels
Easterein
Ureterp
Grou
Burgwerd
Bolsward
Nijlân
Akkrum
Hemrik
Ysbrechtum
Sneek
Sneekermeer
Tijnje
Donkerbroek
Dryl̂ts
Gorredijk
Tjalleberd
Aldegea
Broek
De Gaastmar
Joure
Heerenveen
Waldsein
Sintjohannesga
Mildam
Ealahuzen
St.Nicolaasga
Ter Idzard
Balk
Tjerkgaast
Oldeholtpade
Noordwolde
Wikel
Tjeukemeer
Echtenerbrug
Wolvega
Munnekeburen
Vledder
Scherpenzeel
De Blesse
Oldemarkt
Paasloo
Ossenzijl
Steenwijk
Kalenberg
Havelte
Ruinen
Meppel
Beulakerwijde

bikeline®-Radtourenbuch
Rund ums IJsselmeer

A-3751 Rodingersdorf, Hauptstr. 31
Tel.: +43/2983/28982-0, Fax: -500
E-Mail: bikeline@esterbauer.com
www.esterbauer.com
3. überarbeitete Auflage 2022
ISBN: 978-3-7111-0001-6

Bitte geben Sie bei jeder Korrespondenz die Auflage und die ISBN an!

Dank an alle, die uns bei der Erstellung dieses Buches tatkräftig unterstützt haben.

Das *bikeline*-Team: Birgit Albrecht-Walzer, Katharina Amon-Schneider, Beatrix Bauer, Michael Binder, Veronika Bock, Petra Bruckmüller, Roland Esterbauer, Dagmar Güldenpfennig, Martina Kreindl, Ingrid Leidinger, Daniela Lehnerova, Gregor Münch, Mario Nakić, Karin Neichsner, Carmen Paradeiser, Amélie Pommier, Manuel Randa, Petra Schartner, Sonja Schleifer, Christian Thoren, Isabella Tillich, Martin Trippmacher, Carina Winkelhofer, Martin Wischin, Wolfgang Zangerl

Umschlagbilder: Bild groß: © travelpeter - fotolia; Bild klein oben: © fotokate - fotolia; Bild klein unten: © shorty25 - fotolia
Bildnachweis: Ad Snelderwaard: 15, 22, 43, 47; © allard1 - fotolia: 22; © Anibal Trejo - fotolia: 18; © bbsferrari - fotolia: 80; © Eric Gevaert - fotolia: 24; © eyewave - fotolia: 70; © fotografiecor - fotolia: 13; © Freesurf - fotolia: 11, 20; © Hilda Weges - fotolia: 60; © Ivonne Wierink - fotolia: 86; © Jörg Hackemann - fotolia: 106, 109; © Kruwt - fotolia: 9; © mediagram - fotolia: 51, 96; © nicknick_ko - fotolia: 78; © Olha Rohulya - fotolia: 48; © Pangfolio.com - fotolia: 42; © PHB.cz - fotolia: 41, 67; © philipus - fotolia: 90; © Sandra van der Steen - fotolia: 71, 72; © Sergii Figurnyi - fotolia: 19; © shorty 25 - fotolia: 26, 38, 50; © thorstenhartung - fotolia: 100; © tpzijl - fotolia: 52; © travelpeter - fotolia: 34, 56; © venemama - fotolia: 102; © Winvandergeest - fotolia: 104; © yellowpaul - fotolia: 64

Kartographie erstellt mit axpand (www.axes-systems.com)

Sehenswertes / Einrichtungen (sights of interest / facilities)

- Kirche; Kapelle (church; chapel)
- Kloster (monastery/convent)
- Synagoge; Moschee (synagogue; mosque)
- Schloss, Burg; Ruine (palace, castle; ruin)
- Turm; Leuchtturm (tower; lighthouse)
- Wassermühle; Windmühle (watermill; windmill)
- Kraftwerk (power station)
- Bergwerk; Höhle (mine; cave)
- Flughafen; Denkmal (airport; monument)
- sonstige Sehenswürdigkeit (other sight of interest)
- Museum (museum)
- Ausgrabungen; röm. Objekte (excavations; roman site)
- Tierpark; Natur-Information (zoo; nature info)
- Naturschutzgebiet, -denkmal (nature reserve, monument)
- sonstige Natursehenswürdigkeit (natural sight of interest)
- Aussichtspunkt* (panoramic view*)
- Tourist-Information; Gasthaus (tourist information; restaurant)
- Hotel, Pension; Jugendherberge (hotel, guesthouse; youth hostel)
- Camping-; Naturlagerplatz* (camping site; simple tent site*)
- Einkaufsmöglichkeit*; Kiosk* (shopping facility*; kiosk*)
- Rastplatz*; Unterstand* (picnic tables*; covered stand*)
- Freibad; Hallenbad (outdoor pool; indoor pool)
- Naturbad; Thermal-/Erlebnisbad (natural pool; thermal baths/waterpark)
- Brunnen*; Parkplatz* (drinking fountain*; parking lot*)
- Schönern sehenswertes Ortsbild (picturesque town)
- Einrichtung im Ort vorhanden (facilities available)

Topographische Informationen (topographic information)

- Kirche; Kapelle (church; chapel)
- Kloster (monastery)
- Synagoge; Moschee (synagogue; mosque)
- Schloss, Burg; Ruine (palace, castle; ruins)
- Turm; Leuchtturm (tower; lighthouse)
- Wassermühle; Windmühle (windmill; water mill)
- Kraftwerk; Solaranlage (power station; solar power station)
- Bergwerk; Höhle (mine; cave)
- Denkmal; Hügelgrab (monument; burial mound)
- Flughafen; Flugplatz (airport; airfield)
- Windkraftanlage (windturbine)
- Funk- und Fernsehanlage (TV/radio tower)
- Umspannwerk, Trafostation (transformer station)
- Wegkreuz; hist. Grenzstein (wayside cross; boundary stone)
- Sportplatz, Stadion (playing field, stadium)
- Golfplatz; Tennisplatz (golf course; tennis courts)
- Schiffsanleger; Schleuse (boat landing; sluice/lock)
- Quelle; Kläranlage (natural spring; wastewater treatment plant)
- Staatsgrenze mit Übergang (international border crossing)
- Landesgrenze (country border)
- Kreis-, Bezirksgrenze (district border)
- Naturschutzgebiet, Naturpark, Nationalpark (nature reserve, national park)
- Truppenübungsplatz, Sperrgebiet (prohibited zone)
- 100 Höhenlinie 100m/50m (contour line)
- 5310 UTM-Gitter (in km; 2 km-Gitter) (UTM-grid)

- A13 B12 Autobahn; Schnellstraße (motorway/freeway; expressway)
- B236 Fernverkehrsstraße (highway)
- Hauptstraße (main roads)
- untergeordnete Hauptstraße (secondary main road)
- Nebenstraße; Fahrweg (secondary road; side street/access road)
- Weg; Fähre (track; ferry)
- Straße geplant/in Bau (road planned/under construction)
- Eisenbahn/Bahnhof; S-Bahnhof (railway/station; suburban station)
- Eisenbahn stillgelegt; geplant (railway disused; planned)
- Schmalspurbahn (narrow gauge railway)
- Bergbahn; Seilbahn (mountain railway; cable car)
- Wald; Parkanlage (forest; park)
- Sumpf; Heide (marsh/bog; heath)
- Weinbau; Gartensiedlung* (vineyards; allotment gardens*)
- Steinbruch, Tagebau* (quarry, open cast mine*)
- Friedhof; Düne, Strand (cemetery; dunes, beach)
- Watt; Gletscher (tidal flats; glacier)
- Felsen; Geröll (rock, cliff; scree)
- Gewächshäuser*, Plantage* (greenhouses*, plantation*)
- Gewerbe-, Industriegebiet (commercial/industrial area)
- Siedlungsfläche; öffentl. Gebäude (built-up area)
- Stadtmauer, Mauer (defensive wall, wall)
- Damm, Deich (embankment, dike)
- Kanal (canal)
- Fluss/Staumauer/See (river/dam/lake)

Inhalt

Stadtpläne

Wetterfest

Wetterfest und robust!

Für die Innenseiten dieses Buches haben wir uns etwas Besonderes einfallen lassen. Die Seiten bestehen aus hochwertigem Landkartenpapier, welches mit einer robusten und wasserabweisenden Beschichtung versehen wurde. Somit übersteht es unbeschadet auch mal ein Regenwetter.

Bitte beachten Sie: wetterfest und wasserabweisend bedeutet nicht wasserfest! Die Seiten sind gut gegen Spritzwasser geschützt und kleben, wenn sie feucht werden, nicht aneinander. Dennoch darf das Buch nicht komplett durchnässt werden.

Bitte verwenden Sie bei Dauerregen zusätzlich einen Regenschutz.

IJsselmeer (Zuiderzee)-Radweg

Die Zuiderzeeroute verläuft rund um den bis 1932 bestehenden Binnensee Zuiderzee. Durch die Anlage des Afsluitdijk (Abschlussdeich) zwischen den Orten Den Oever und Zurich wurde das Meer gezähmt und es gab den Landstrichen, die an das riesige Binnenmeer grenzten, Sicherheit. Aus der Zuiderzee wurde das IJsselmeer und seit der Anlage des Houtribdammes zwischen Enkhuizen und Lelystad 1976 trägt der südliche Teil den Namen Markermeer. Die Zuiderzeeroute umspannt demnach das IJsselmeer und das Markermeer. Sie ist eine Route, die noch viele Spuren einer langen und wohlhabenden Geschichte aufweist, in der die Zuiderzee eine Hauptrolle spielte: Der Kampf gegen das Wasser, die Trockenlegung der Deiche und die alten Hafenstädtchen, die in früheren Jahrhunderten Wachstum und Blütezeiten durch den weltweiten Handel auf der Zuiderzee erlebten. Die Zuiderzeeroute ist eine bunte Sammlung typisch niederländischer Landschaften. Auf Ihrem Weg begegnen Ihnen touristische und landschaftliche Höhepunkte der Niederlande, wie die Städte Amsterdam und Waterland, kleine Hafenstädtchen, die Naturlandschaft Wieden, der Nationalpark Weerribben und die Küstenlandschaft Veluwe (nahe dem Ort Elburg).

Streckencharakteristik

Länge

Die Gesamtlänge des Hauptradweges beträgt rund **442 Kilometer**. Die Varianten und Ausflüge haben eine Länge von rund 12 Kilometern. Die Variante über Texel mit den Ausflügen zählt ca. 215 Kilometer.

Wegequalität und Verkehr

Die Wegequalität ist überdurchschnittlich gut. In Holland gibt es beinahe entlang je-

LIVE-UPDATES

Als Online-Angebot finden Sie auf unserer Webseite eine Sammlung aktueller Änderungen und Korrekturen zu diesem Radtourenbuch. Diese Informationen sind immer auf dem neuesten Stand und ermöglichen Ihnen in Kombination mit der bestehenden Auflage dieses Buches die beste Reiseplanung. Das LiveUpdate zu diesem Titel ist frei verfügbar und auf unserer Webseite beim jeweiligen Buch oder unter folgendem Link zu finden:

www.esterbauer.com/db_detail.php?buecher_code=IJSSEL

Sind Ihnen auf Ihrer Radreise Fehler und Änderungen zur Route, zum Übernachtungsverzeichnis oder den touristischen Daten aufgefallen? Über die Updateseite können Sie diese brandneuen Infos direkt an das bikeline-LiveUpdate-Team übermitteln. Wir freuen uns auf Ihr Update und bedanken uns im Namen aller Radler!

Den aktuellen bikeline-Track zu diesem Titel finden Sie, wenn Sie folgende Adresse in die Adresszeile Ihres Browsers eingeben:

www.tracks.world/?dir=nl/trk66lp028

Weitere Tracks:

www.hollandfahrradland.de/radfernwege/zuiderzeeroute

der Straße einen Radweg. Diese Radwege sind zweispurig und asphaltiert. Unbefestigte Wege sind Seltenheit. Wenn die Route auf Straßen verläuft, dann handelt es sich dabei meist um verkehrsarme Deichstraßen oder Ortsdurchfahrten.

Beschilderung

Die LF Zuiderzeeroute besteht aus den ehemaligen Routenabschnitten LF21, LF22 und LF23, diese wurden zusammengefasst zu einer Route und die Schilder entsprechend erneuert. Sie folgen den Schildern der LF-Route, weiß mit grüner Schrift, Zuiderzeeroute. Der Radweg ist in beiden Richtungen beschildert. Die Fahrtrichtung ist am unteren Rand der Schilder mit der Ortsfolge (**Amsterdam** - **Enkhuizen** - **Afsluitdijk** - **Kampen** - **Amsterdam**) angegeben.

Einheitliche Beschilderung: große rechteckige Tafeln mit grüner Schrift, befestigt auf Pfählen und diverser Infrastruktur neben der Straße, kleinere Tafeln an Leitpfosten aus Kunststoff und richtungsweisende Hinweistafeln an den Kreuzungspunkten der LF-Routen.

Tourenplanung

Wichtige Telefonnummern

Internationale Vorwahl für Holland: 0031

Zentrale Infostellen

www.zuiderzeeradweg.com
www.hollandfahrradland.de/de/radfernwege/zuiderzeeroute

Stichting Landelijk Fietsplatform, Berkenweg 30, Postbus 846, 3800 AV Amersfoort, ✆ 033/4653656, Fax: 4654377, www.fietsplatform.nl, slf@fietsplatform.nl

An- und Abreise mit der Bahn

Aufgrund der sich ständig ändernden Preise und Bedingungen für Fahrradtransport bzw. -mitnahme empfehlen wir Ihnen, sich bei nachfolgenden Infostellen über Ihre ganz persönliche Anreise mit der Bahn zu informieren.

Informationsstellen

Deutsche Bahn AG, Service-Hotline: ✆ 030/2970, Mo-So 0-24 Uhr, Auskünfte über Fahrpreise und Fahrpläne, Informationen über die Serviceleistungen der Deutschen Bahn, www.bahn.de, www.bahn.de/bahnundbike

Österreichische Bundesbahnen: ÖBB Kundenservice ✆ 05/1717 (österreichweit zum Ortstarif), Mo-So 6-21 Uhr, www.oebb.at, www.oebb.at/de/reiseplanung-services/im-zug/fahrradmitnahme

Schweizer Bundesbahnen: Rail-Service ✆ 0041/848446688 (CHF 0,08/Min.), Mo-So 0-24 Uhr, www.sbb.ch, www.sbb.ch/de/fahrplan/reisehinweise/velos/so-reist-ihr-velo-mit-ihnen.html

Niederländische Bundesbahn: ✆ 030/3001111, www.ns.nl

In den Niederlanden können Sie Ihr Fahrrad außerhalb der Hauptfrequenzzeiten als Handgepäck mitnehmen. Die Bereiche, wo das Fahrrad abgestellt werden kann, sind an der Außenseite der Waggons mit einem blauen Fahrradaufkleber oberhalb der Türen gekennzeichnet.

An- und Abreise mit dem Auto

Es besteht die Möglichkeit, mit dem Auto anzureisen. Der Vorteil dabei ist es, flexibel zu sein und das eigene Fahrrad dabei zu haben. Amsterdam liegt an einigen Autobahnen und ist somit gut erreichbar. Das Parken in der Innenstadt ist sehr teuer. Alternativ gibt es günstige Park+Ride Parkplätze am A10 Autobahnring und preiswerte Parkhäuser an U-Bahnhöfen und Bahnhöfen am Stadtrand. Beim Parken in der Innenstadt empfiehlt sich eine online Amsterdam Parkplatz Reservierung. Parken für die Dauer der Radreise können Sie in folgenden Parkhäusern:

- P1 Parking Amsterdam Centre, Prins Hendrikkade 20A, Kapazität: 475, www.p1.nl

- Q Park Waterlooplein, Valkenburgerstr. 238, 1011 ND Amsterdam, www.q-park.nl
- Q Park-Parking Byzantium, Tesselschadestraat 1G (am Tor zum Vondelpark am Leidseplein), Kapazität: 450, www.q-park.nl, ✆ 0900/4466880
- Q Park Museumplein, Van Baerlestraat 33B (unter dem Museumsplatz) Kapazität: 600, www.q-park.nl, ✆ 0900/4466880
- Q-Park Europarking, Marnixstraat 250, Kapazität: 800, www.q-park.nl
- De Bijenkorf Car Park (Beursplein, Zufahrt vom Damrak), Kapazität 487, Info: ✆ 0900/4466880
- Q-Park de Kolk, Nieuwezijds Kolk 18, Kapazität: 400, Info: ✆ 0900/4466880
- APCOA PARKING Heinekenplein, Eerste van der Helststraat 6, (bei der Heineken Experience, Albert Cuyp Markt), Kapazität: 256, www.apcoa.nl, Info: ✆ 085/0499899
- Markenhoven, Anne Frankstraat 220, Kapazität: 375, Info: ✆ 02/4278398
- Parkeergarage Stadhuis-Muziektheater, Waterlooplein 28 (unter Stopera), Kapazität: 385, Info: ✆ 020/4278398
- Passenger Terminal Amsterdam–PTA, Oostelijke Handelskade 1, Kapazität: 449, Info: ✆ 0900/1200001

Routenabkürzungen

Durch die Benützung idyllischer Landes-Fahrradwege (LF-Routen) kann die Zuiderzeeroute abgekürzt bzw. in kleinere Abschnitte unterteilt werden:

1. Lemmer – Muiderberg (95 km): Diese Strecke ist Teil der LF20 Flevoroute und verläuft durch die im letzten Jahrhundert trockengelegten Polder des IJsselmeeres. Durch diese Polder ist die Route unterteilt in eine westliche Runde (335 km) und eine östliche Runde (260 km).

2. Enkhuizen – Lelystadt - Kampen (95 km): Die Abkürzung führt über die LF15 Boerenlandroute (Bauernlandroute). Diese teilt die Zuiderzeeroute in einen nördlichen und einen südlichen Teil von je 300 km.

3. Enkhuizen – Stavoren: Anstatt über den Afsluitdijk zu radeln, können Sie auch die Fähre benutzen, die zwischen den beiden Orten verkehrt.

Übernachtung

Wenn Sie Radtouren mit mehreren Übernachtungen planen, dann ist es empfehlenswert, Mitglied der „Vrienden op de fiets" zu werden. Diese Organisation veröffentlicht jedes Jahr ein Buch mit Adressen von Tausenden von Privatvermietern, wo Radfahrer und Wanderer für nur € 19,00 übernachten und frühstücken können. Die Mitgliedschaft kostet € 10,00, für den Versand innerhalb Europas werden € 3,00 extra in Rechnung gestellt. Für eine Mitgliedschaft können Sie sich unter www.vriendenopdefiets.nl anmelden. Adresse: PO Box 120, NL-2215 ZJ Voorhout, administratie@vriendenopdefiets.nl, ✆ 0031/(0)88/1238999.

Die niederländischen **Jugendherbergen** tragen die Bezeichnung „Stayokay-Hostels", zu finden unter www.stayokay.com/de/niederlande.

In den **Nivon-Naturfreundehäusern** sind Radfahrer gern gesehen, eine Übersichtskarte finden Sie unter https://nivon.nl/accommodaties-overzicht

Camper haben, abgesehen von normalen Campingplätzen, einige für Radfahrer interessante Alternativen:

Naturcampingplätze sind kleine Campingplätze mit einfachen Einrichtungen, die meist in Naturgebieten liegen. Eine Übersicht von allen 140 Plätzen finden Sie im „Groene Boekje". Mehr Information unter:

www.natuurkampeerterreinen.nl. Adresse: Stichting De Groene Koepel, info@degroenekoepel.nl, Postbus 413, NL-3430 AK Nieuwegein, ✆ 0031/(0)30/6033701

Trekkershutten (Wandererhütten) sind einfache Häuschen für vier Personen, in denen man kochen und schlafen kann. Diese Hütten befinden sich meist bei Campingplätzen, es gibt hierzu 250 Adressen in den gesamten Niederlanden. Der Preis für eine Standardhütte beträgt € 40,00. Information und Reservierung unter: www.trekkershutten.nl, Adresse: Stichting De Groene Koepel, Postbus 413, NL-3430 AK Nieuwegein, ✆ 0031/(0)30/6033701, info@degroenekoepel.nl

Es gibt zudem zwei Organisationen für das **Campen auf Bauernhöfen**:

VEKABO (Vereinigung von Campingbauern), www.vekabo.nl

SVR (Stichting Vrije Recreatie), Broekseweg 75-77, NL-4231 VD Meerkerk, Nederland, ✆ 0031/(0)183/352741, www.svr.nl

Reisezeit

Die beste Zeit nach Holland an die Zuiderzee zu reisen sind die Monate Mai bis September, wo Sie mit Durchschnittstemperaturen von 16°-22°C rechnen können. Natürlich sind auch der März und der April mit der Krokus- und Narzissenblüte sowie der Tulpenblüte empfehlenswert. Zu diesem Zeitpunkt ist aber noch mit relativ kühlen Temperaturen von etwa 8°-12°C zu rechnen.

Mit Kindern unterwegs

Die Radtouren in Holland gelten durchwegs als familienfreundlich, da sie meist auf Radwegen und ruhigen Straßen verlaufen. Mit etwas stärkerem Verkehr ist nur in den Stadtgebieten zu rechnen. Auch aufgrund der so gut wie steigungsfrei verlaufenden Radwege ist die IJsselmeerrundfahrt für Kinder empfehlenswert.

Das einzige Problem könnte der starke Wind sein, dem Sie auf dem Deich ausgesetzt sind.

Das Rad für die Tour

Den besten Komfort bieten Reiseräder mit einer auf Ihre Körpergröße abgestimmten Rahmenhöhe. Diese Räder gewährleisten auch bei großer Beladung des Rades einen ruhigen Lauf und sind mit sehr guten Bremsen, einer Schaltung mit großem Übersetzungsbereich und stabilen Gepäckträgern vorne und hinten zur gleichmäßigeren Gewichtsverteilung ausgestattet. Auch ein stabiler Fahrradständer ist wichtig, vor allem wenn Sie Gepäck auf dem Fahrrad mitführen. Für einen unbeschwerten Radurlaub sollte auf jeden Fall ein Fahrradcheck vor der Tour erfolgen.

Versuchen Sie, vor der Abreise eine bequeme Sitzposition auf Ihrem Rad zu finden, wobei Sie dem Sattel besonderes Augenmerk schenken sollten. Bei richtiger Sattelneigung und Sitzposition können schmerzvolle Erfahrungen vermieden werden. Sie sollten die Bereifung der Tour entsprechend anpassen. Je mehr unbefestigte Wege zu bewältigen sind, desto breiter und profilstärker sollte die Bereifung ausfallen. Viele asphaltierte Strecken erlauben hingegen auch schmalere Reifen. Hinweise zur Oberfläche der Wege und zu den Steigungen finden Sie in diesem ***bikeline***-Radtourenbuch in der Einleitung und auf den Abschnittsseiten.

Auch einen Kartenhalter oder eine Lenkertasche werden Sie auf Ihrer Tour sehr gut brauchen können. Wasserdichte und somit auch staubdichte Hinterradtaschen mit einem unkomplizierten Befestigungssystem erweisen sich bei längerer Fahrt als zweckmäßig. Achten Sie auch auf genügend Möglichkeiten, Trinkflaschen an Ihrem Rad zu befestigen.

Und da selbst das beste Fahrrad vor Pannen nicht gefeit ist, empfiehlt es sich, immer eine kleine Fahrradapotheke mitzuführen. Eine Grundausstattung an Werkzeug und Zubehör sollte folgende Teile beinhalten: Ersatzschlauch und/oder Flickzeug, Kompaktwerkzeug, Luftpumpe, Brems- und Schaltseil, Öl, Ersatzkettenniete und einen Putzlappen. Details zu all diesen Fragen klären Sie am besten mit Ihrem Fahrradhändler und überlassen den Service im Zweifelsfall dem Profi.

Radreiseveranstalter

Eurobike, Mühlstr. 20, A-5162 Obertrum am See, ✆ 0043/6219/60866, Fax: 8272, Infohotline Deutschland: ✆ 0800 5889718 (gratis aus Deutschland) office@eurobike.at, www.eurobike.at

Austria Radreisen, J.-Haydn-Str. 8, A-4780 Schärding, ✆ 0043/7712/55110, Fax: 4811, office@austria-radreisen.at, www.austria-radreisen.at

Rad & Reisen GmbH, Schickg. 9, A-1220 Wien, ✆ 0043/1/4053873, ✆ 0800/0700570 (gebührenfrei aus A+D+CH), ansonsten ✆ 0043/1/4053873-0, office@radreisen.at, www.radreisen.at

velociped, Alte Kasseler Str. 43, D-35039 Marburg, ✆ 0049/6421/886890, Fax: 8868911, info@velociped.de, www.velociped.de

Marken

Zu diesem Buch

Dieser Radreiseführer enthält alle Informationen, die Sie für den Radurlaub entlang der IJsselmeerrunde (Zuiderzeeroute) benötigen: Exakte Karten, eine detaillierte Streckenbeschreibung, ein ausführliches Übernachtungsverzeichnis, Stadt- und Ortspläne und die wichtigsten Informationen zu touristischen Attraktionen und Sehenswürdigkeiten.

Und das alles mit der ***bikeline*-Garantie**: die Routen in unseren Büchern sind von unserem professionellen Redaktionsteam auf ihre Fahrradtauglichkeit geprüft worden. Um höchste Aktualität zu gewährleisten, nehmen wir nach der Befahrung Korrekturen von Lesern bzw. offiziellen Stellen bis Redaktionsschluss entgegen, die dann jedoch teilweise nicht mehr an Ort und Stelle verifiziert werden können.

Die Radtour ist nicht in Tagesetappen, sondern in logische Abschnitte aufgeteilt, weil die Tagesleistung zu sehr davon abhängt, wie sportlich oder genussvoll Sie die Strecke in Angriff nehmen möchten.

Die Karten

Die Detailkarten sind im Maßstab 1 : 50.000 erstellt. Dies bedeutet, dass 1 Zentimeter auf der Karte einer Strecke von 500 Metern in der Natur entspricht. Zusätzlich zum genauen Routenverlauf informieren die Karten auch über die Beschaffenheit des Bodenbelages (befestigt oder unbefestigt), Steigungen (leicht oder stark), Entfernungen sowie über kulturelle, touristische und gastronomische Einrichtungen entlang der Strecke.

Allerdings können selbst die genauesten Karten den Blick auf die Wegbeschreibung nicht ersetzen. Komplizierte Stellen werden in der Karte mit diesem Symbol gekennzeichnet, im Text finden Sie das gleiche Zeichen zur Markierung der betreffenden Stelle wieder. Beachten Sie, dass die empfohlene Hauptroute immer in Rot und Violett, Varianten und Ausflüge hingegen in Orange dargestellt sind. Die genaue Bedeutung der einzelnen Symbole wird in der Legende auf den Seiten 4 und 5 erläutert.

Höhen- und Streckenprofil

Das in der Einleitung dargestellte Höhen- und Streckenprofil gibt Ihnen einen grafischen Überblick über die Steigungsverhältnisse, die Länge und die wichtigsten Orte entlang der Radroute. Zusätzlich wird am Beginn jedes Streckenabschnitts ein detaillierteres Höhen- und Streckenprofil gezeigt, in dem über die Wegpunkte eine Zuordnung zu Karte und Text möglich ist. Es können in diesem Überblick nur die markantesten Höhenunterschiede dargestellt werden, jede einzelne kleinere Steigung wird in dieser grafischen Darstellung nicht berücksichtigt. Die Steigungs- und Gefälleverhältnisse entlang der Route finden Sie im Detail mit Hilfe der Steigungspfeile in den genauen Karten.

Der Text

Der Textteil besteht im Wesentlichen aus der genauen Streckenbeschreibung, welche die empfohlene Hauptroute enthält. Stichwortartige Streckeninformationen werden von dem Zeichen begleitet. Manche besonders markante oder wichtige Punkte auf der Strecke sind als Knotenpunkte, zum Beispiel KP 80 gekennzeichnet und – zur besseren Orientierung – mit demselben Symbol in den Karten wieder zu finden. Diese Knotenpunkte sind vor Ort beschildert.

Unterbrochen wird dieser Text gegebenenfalls durch orangefarbige Absätze, die Varianten und Ausflüge beschreiben.

TIPP Textabschnitte in Violett heben Stellen hervor, an denen Sie Entscheidungen über Ihre weitere Fahrstrecke treffen müssen, z. B. wenn die Streckenführung von der Wegweisung abweicht oder mehrere Varianten zur Auswahl stehen u. ä.

AUSFLUG Sie weisen auch auf Ausflugstipps, interessante Sehenswürdigkeiten oder Freizeitaktivitäten etwas abseits der Route hin.

Ferner sind alle wichtigen Orte zur besseren Orientierung aus dem Text hervorgehoben. Gibt es interessante Sehenswürdigkeiten in einem Ort, so finden Sie unter dem Ortsbalken die jeweiligen Adressen, Telefonnummern und Weblinks.

Die Öffnungszeiten und Preise zu den Sehenswürdigkeiten sind nicht gesondert aufgelistet,

da es hier immer wieder Veränderungen gibt. Damit Sie dann nicht vor verschlossenen Türen stehen, haben wir für Sie die Internetseiten sowie die Telefonnummern recherchiert, sodass Sie sich direkt über die aktuellsten Öffnungszeiten und Preise informieren können. Wenn eine Sehenswürdigkeit keine eigene Webseite hat, sind diese Informationen über die Webseite der Tourismusinformation des Ortes oder der Region zu finden. Und wenn einmal die Öffnungszeiten im Internet nicht oder nur schwer zu finden sind oder eine Sehenswürdigkeit besonders ungewöhnliche Öffnungszeiten hat, dann listen wir diese gesondert direkt bei der Sehenswürdigkeit auf. Somit sind Sie immer auf dem laufenden Stand der Dinge

Die Beschreibung der einzelnen Orte sowie historisch, kulturell oder naturkundlich interessanter Gegebenheiten entlang der Route trägt zu einem abgerundeten Reiseerlebnis bei. Diese Textblöcke sind kursiv gesetzt und unterscheiden sich dadurch auch optisch von der Streckenbeschreibung.

Weblink

Im Ortsdatenblock bei dem jeweiligen touristischen Eintrag befindet sich nach dem @ Symbol eine sechsstellige Zahlen- und Buchstabenkombination *(z. B. @ abc123)*. Die Eingabe dieser Weblink-ID auf unserer Internetseite www.esterbauer.com leitet Sie direkt auf die entsprechende Webseite weiter und ersetzt somit die mühsame Eingabe ellenlanger Webadressen.

Übernachtungs- und Serviceverzeichnis

Auf den letzten Seiten dieses Radtourenbuches sind zu fast allen Orten entlang der Strecke eine Vielzahl von Übernachtungsmöglichkeiten aufgelistet, vom einfachen Zeltplatz bis zum 5-Sterne-Hotel. Zusätzlich finden Sie umfangreiche Informationen zu Radwerkstätten und Radverleihstationen.

Von Amsterdam zum Afsluitdijk

124,3 km

HM/km: ↗ 0,1 (18m) ↘ 0,1 (18m) Radweg: 33 % Unbefestigt: 0 % Verkehr: 4 %

Im faszinierenden Amsterdam mit seinen Grachten, bunten Plätzen, quirligen Straßen und unzähligen Spezialitätenrestaurants startet Ihre IJsselmeerrundfahrt. Die Route führt Sie am Ufer entlang nach Volendam, beliebtes Ausflugsziel und malerische Hafenstadt. Gleich darauf erwartet Sie Edam mit seinen berühmten Käsereien. Bis Hoorn radeln Sie auf dem Deich und haben so jederzeit zur Rechten einen wunderbaren Ausblick auf das Meer und zur Linken auf endlose Wiesen und kleine Teiche. Nach Hoorn erwartet Sie Enkhuizen, beide sind Hafenstädte mit sehenswerten Stadtkernen. Weiterhin auf dem Deich kommen Sie am Poldermuseum vorbei, durchqueren die Stadt Medemblik und erreichen schließlich Den Oever und den Abschlussdeich (Afsluitdijk).

Hier können Sie sich entscheiden, ob Sie die Tour über den Deich fortsetzen oder über Den Helder und die Inseln Texel und Vlieland weiterradeln. Diese zweite Möglichkeit wird im vierten Abschnitt beschrieben.

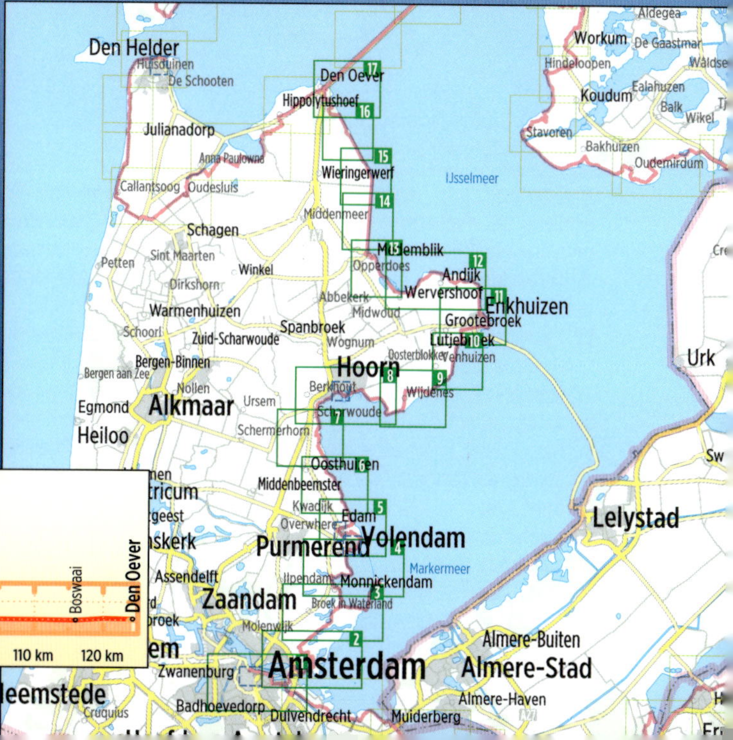

Amsterdam, Keizersgracht

Ausgehend von **Amsterdam Zentral** 4 km entlang der **Piet Heinkade** über die Kanäle und links auf den **Zeeburgerdijk**.

Amsterdam

Vorwahl: 020

- **I amsterdam Visitor Centre Stationsplein**, Stationsplein 10, Gegenüber dem Hauptbahnhof von Amsterdam, Noord-Zuid Hollands Koffiehuis, ✆ 7026000, @ nak124
- **Amsterdam Zentral-Buiksloterweg.** Über das IJ, zu Beginn und Ende der Route. Betriebszeiten: tägl. 0-24 Uhr. Fähre ist gratis. Achtung: Von Amsterdam Centraal gibt es auch Fähren zu anderen Zielen.
- **Amsterdam Museum (Historisches Museum Amsterdam)**, Kalverstraat 92, ✆ 5231822. Das Museum zeigt den Kunstbesitz, den die Stadt seit dem 16. Jh. aufgebaut hat. Unter den 65.000 Exponaten befinden sich hochkarätige Stücke der Meister des 17. Jhs. wie Rembrandt, Hals und Vermeer. Wenn Sie keine Zeit haben, dem Museum einen Besuch abzustatten, dann sollten Sie zumindest in der „Schuttersgalerie" vorbeischauen, wo Sie kostenlos Bilder von den Meistern des 17. Jhs. bewundern können. @ scc343
- **Anne Frank Huis (Anne Frank Haus)**, Westermarkt 20, ✆ 5567105. Das Museum zeigt Fotos und Filme der wichtigsten Ereignisse im Leben von Anne Frank im Kontext der NS-Zeit und des zweiten Weltkriegs. @ btf811
- **EYE Filmmuseum**, IJpromenade 1, ✆ 5891400 7d In dem futuristischen Gebäude bewahren Ausstellungen, Filmvorführungen und Veranstaltungen das Erbe und die Kultur des niederländischen Films. @ toh554
- **Heineken Experience**, Stadhouderskade 78, ✆ 2611323 7d Moderne Erlebniswelt in den historischen Produktionsräumen über die Kunst des Bierbrauens und die Geschichte der Brauerei. @ rqh887
- **Het Rembrandthuis**, Jodenbreestraat 4, ✆ 5200400 7d Das ehem. Wohnhaus Rembrandts und Wechselausstellungen vermittelt einen authentischen Einblick in das Leben und Schaffen der Künstler im 17. Jh. @ bdv128
- **Het Scheepvaartmuseum (Schifffahrtsmuseum)**, Kattenburgerplein 1, ✆ 5232222 Der Nachbau (1985) der im 18. Jh. erbauten „Amsterdam", eines der VOC-Handelsschiffe, welches 1749 vor der englischen Küste kenterte, kann jederzeit besichtigt werden. Immerhin stellt sie für die Hauptstadt ein bedeutendes Wahrzeichen dar. Das Museum bietet umfangreiche Informationen über die Handelsschifffahrt zur Blütezeit des Internationalen Handels, als die Zuiderzee ein wichtiger Knotenpunkt war. @ yhp775
- **Joods Historisch Museum en Kindermuseum (Jüdisches Historisches Museum u. Kindermuseum)**, Nieuwe Amstelstraat 1, ✆ 5310310 7d Das Museum informiert über Religion, Kultur und die Geschichte der Juden in den Niederlanden sowie in seinen früheren Kolonien. @ fqa777

- **Madame Tussauds**, Dam 20, ✆ 5221010 Niederländische und internationale Stars zum Anfassen und Einblicke in die Geschichte des Wachsfigurenkabinetts und in die Kunst der Figurennachbildung. @ vsk346
- **NEMO Science Center**, Oosterdok 2, ✆ 5313233 Mitmachen, anfassen und ausprobieren - auf vier Ebenen begeben Sie sich auf eine Entdeckungsreise durch die Welt der Physik, Biologie, Chemie und Technik. @ nva261
- **Rijksmuseum**, Museumstraat 1, ✆ 6747000 Das Museum präsentiert eine Zeitreise durch die niederländische (Kunst-) Geschichte vom Mittelalter bis zum 20. Jh. @ don485
- **Stedelijk Museum (Städtisches Museum für moderne Kunst)**, Museumplein 10, ✆ 5732911 Die erste Adresse der Stadt für

Amsterdam

moderne Kunst. Das Museum ist in einem historischen Gebäude (1895) mit einer modernen Erweiterung untergebracht. @ ylc633

Van Goghmuseum, Museumsplein 6, ✆ 5705200, @ fot758

Stopera, Waterlooplein 22, ✆ 6255455. Der Stopera Komplex beherbergt das Rathaus und das Niederländische Opernhaus. Im Rathaus steht das Amsterdamer Pegel, das seit 1684 zur Bestimmung des Meeresspiegels verwendet wird. Es kann kostenlos besichtigt werden. @ tjj251

Artis Royal Zoo, Plantage Kerklaan 38-40, ✆ 5233670, ✆ 0900/2784796. Der Park beherbergt neben über 8.000 Tieren ein zoologisches und ein geologisches Museum, ein Planetarium, ein Aquarium, Micropia und ein Insektarium. @ yho833

Amsterdam verdankt viel seiner Lage an der Zuiderzee. In den Osthäfen der Stadt lagen große Schiffe der Vereinigten Ostindien Handelskompanie (VOC), die während des 16. und 17. Jahrhunderts zahlreiche lukrative Seereisen in den Fernen Osten unternahmen. Bei ihrer Rückkehr in die Heimat waren die Seefahrer bis zu 16 Monate auf Hoher See gewesen.

Um etwa 1600 begann auch der Aufschwung von Amsterdam zu einer wichtigen Handelsstadt. Günstig hierfür hat sich beispielsweise der 80-jährige Krieg mit den Spaniern ausgewirkt: Zahlreiche Händler und Diamantenverarbeiter zogen von Antwerpen nach Amsterdam, da die Spanier den Fluss Schelde abgeriegelt hatten und somit kein Transport mehr möglich war. Auch viele Juden aus ganz Europa flohen vor der Inquisition und suchten Schutz in Amsterdam. Die Bevölkerung wuchs in dieser Zeit explosionsartig und es entstand ein Grachtengürtel rund um das ursprüngliche Zentrum der Stadt. Im 19. Jahrhundert verlor die Zuiderzee jedoch an Bedeutung, da die immer größeren Schiffe tiefere Gewässer verlangten. Nach der Öffnung des Nordseekanals

1
Noord
Schellingwoude
Bos en Lommer
Javaeiland
IJ-haven
Ertshaven
Oosterdok
AMSTERDAM
Jordaan
Zeeburg
Zeebrugereiland
Flevoparkbad
Nieuwe Diep
LFZZ
omseveld
Vondelpark
Rijksmuseum
Van Gogh Museum
Stedelijk Museum
Heineken Experience
Museum van Loon
Magere Brug
Hortus Botanicus
Artis Zoo
Scheepvaartmuseum
Openbare Bibliotheek
Anne Frank Huis
Koninklijk Paleis
Eye-Filmmuseum
De Pijp
Watergraafsmeer
Diemen Noord
Diemen
Nieuwendammerdijk
Schellingwouderdijk
Adelaarsweg
Buiksloterweg
Amstel
Spiegelgracht
Theophile de Bockstraat
Westlandgracht
Rijnsburgstraat
Ringvaart
Spaklerweg
Weersloot
Diemerpark

Monnickendam

1876 war Amsterdam nicht mehr länger von der Zuiderzee abhängig und so wurden die Häfen in den Westen der Stadt verlegt.
Wichtig für Amsterdam waren und sind das IJ, ein Meeresarm der Zuiderzee, und das IJmeer, die südlichste Bucht des Markermeeres. Sie geben Amsterdam bereits seit mehr als 400 Jahren die Möglichkeit sich auszubreiten, da in diesen Bereichen neue, künstliche Inseln angelegt werden können. Der Zentralbahnhof beispielsweise wurde im 19. Jahrhundert auf einer neu angelegten Insel erbaut. Zur Zeit entsteht der Stadtteil IJburg auf einer Gruppe von acht neuen Inseln.
Die Stadt ist heute ein wahres Mekka für Architekturliebhaber. Entlang des Grachtengürtels sind zahlreiche Bauwerke des 17. Jahrhunderts zu bewundern, dieses Zeitalter wird auch als „Gouden Eeuw" – Goldenes Jahrhundert – bezeichnet, da Holland zu dieser Zeit eine einflussreiche Weltmacht war. Wer sich hingegen für moderne Architektur interessiert, dem ist das östliche Hafengebiet zu empfehlen.

Von Amsterdam nach Volendam — 26 km

KP 52 vom **West-Merwedekanaaldijk,** wo verschiedene Routen zusammentreffen, hier folgen Sie nun der LF-ZZ Zuiderzeeroute ~ kurz nach dem Kreuzungspunkt den **Amsterdam-Rijnkanal** sowie das **Ijmeer** überqueren ~ KP 46 die A 10 unterqueren Richtung **Durgerdam** ~ KP 47 nach dem Ort links Richtung Ransdorp.

Ransdorp (Amsterdam Noord oost)

Kirchturm, Dorpsweg Ransdorp 57. Der 32 m hohe, spätgotische Backstein-Kirchturm ist im flachen Waterland weithin sichtbar. Erbaut wurde er zwischen 1502 und 1542, wurde jedoch aus Geldmangel nie fertiggestellt. Die Turmgalerie bietet einen wunderschönen Panoramablick auf die idyllische Landschaft. @ sms215

Der Übergang von der Hauptstadt zum Waterland ist sehr abrupt, sodass Sie bald von weitem Land mit Dämmen, Weiden und vor allem viel Wasser umgeben sind. Es gibt zahlreiche schmucke Dörfchen, die sich in der traditionellen Holzbauweise präsentieren.
Ransdorp war einst ein mittelgroßer Ort, in dem zum Großteil Seemänner wohnten.

KP 44 von Ransdorp Richtung Zunderdorp KP 43 ~ KP 42 vor Zunderdorp rechts nach Zuiderwoude KP 76, KP 75, KP 57 und dann KP 54 entlang des Dammes nach Monnickendam.

Deich bei Durgerdam

2
Mariahoeve
't Nopeind
Zunderdorp
Poppendam
Holysloot
Barnegat
Poppendammergouw
Ransdorper Die
Nieuwe Sloot
Nieuwendam
Ransdorp
Achter Twiske
Kinselmeer Peil
Nieuwendammerdijk
Weersloot
Ismonde
Schellingwoude
Schellingwouderdijk
Het Klaverblad
Hoeckelingsdam
Durgerdam
Javaeiland
IJ-haven
Ertshaven
Zeebrugereiland
Markermeer
Zeeburg
Flevoparkbad
Forteiland Pampus
A10
S114
36
39
40
42
43
44
45
46
47
52
78
79
23
3,5
3,8
2,8
2,4
1,4
3
1
48

Marken

TIPP Hier kann man einen tollen Ausflug über Marken unternehmen und mit der Fähre weiter nach Volendam, zurück auf die Zuiderzeeroute.

Marken

Vorwahl: 0299

VVV i-point, Havenbuurt 19c, 602184, esg683

Marker Museum, Kerkbuurt 44-47, 601904. Das Museum informiert über die Geschichte des Ortes und ist in einer ehemaligen Aalräucherei untergebracht. qsj732

Marken ist seit 1957 keine Insel mehr, dennoch werden Sie bei Ihrer Rundfahrt erleben, dass es sich noch so anfühlt. Früher war Marken Teil von Waterland, bei der Sint Juliaansflut 1164 wurden jedoch große Teile weggespült und Marken vom Festland getrennt. Im 13. Jahrhundert wurde die Insel von Mönchen eingedeicht. Die errichteten Dämme waren jedoch noch nicht hoch genug, denn die Insel wurde noch mehrmals überflutet. Deshalb bauten die Inselbewohner ihre Häuser dicht aneinander auf künstlich errichteten Warften und selbst als zu wenig Platz war, um ein Haus auf die traditionelle Weise zu bauen, wurde es auf Pfählen errichtet. Von den ursprünglich 15 Warften sind noch sieben bewohnt. Während der Tour kommen Sie an verschiedenen Warften vorbei, z. B. dem Kets- und dem Kirchenbezirk und wenn Sie die Runde zum Leuchtturm machen, passieren Sie die Rosenwarft, erkennbar durch die eiserne Abschirmung gegen das Eiswasser. Die Rosenwarft zählt übrigens zu den schönsten Warften der Stadt.

Monnickendam

Vorwahl: 0299

VVV Monnickendam, Zuideinde 2, 820046, cjt171

Waterlandsmuseum De Speeltoren (der Spielturm), Noordeinde 2-4, 652203 Das Museum liegt unmittelbar neben dem historischen Spielturm, in dem sich ein Glockenspiel befindet. Das Museum bietet Informationen zur Geschichte Monnicken-

Monnickendam
Havenbuurt
Wittewort
Overleek
Moerlard
Markgouw
Grote Kerk
De Leek
Ooster Ee
De Poel
Willem I Hoeve
Broek in Waterland
Broeker Kerk
Het Beroemde Huis
Procureurswoning
Burgemeester Peereboomweg
Zuiderwoude
Wilhelmina
Kerk Ae
Arken Ae
Welgelegen
Aandammerbrug
Broekervaart
Oostér Poel
Zwet
Molensloot
Rijperweg
Uitdam
Holysloter Die
Uitdammer Die
Holysloot
Barnegat
Poppendam
Zunderdorp
Zuidervaart
Kruisbaakweg
N247
N518
2,8
2,4
2,5
1,4
0,8
1,4
3,5
0,5
3

dams, über Waterland und die Fischerei. Es gibt eine vielfältige Ausstellung, angefangen von archäologischen Funden bis hin zu Fischräuchereien, die heute wesentlich zum Ruhm von Monnickendam beitragen. @ skj774

- **Grote of Sint Nicolaaskerk**, De Zarken 2, ✆ 06/26362939. Spätgotische Kirche aus dem 16. Jh., die dem Hl. Nicolaas geweiht ist. Von dem 60 m hohen Kirchturm haben Sie eine großartige Aussicht auf die Stadt und das IJsselmeer. @ gdf236
- **De Speeltoren (Glockenturm)**, neben dem Museum. Der 500 Jahre alte Glockenturm ist der älteste der Welt und wird heute noch bespielt.
- **De Waegh (Stadtwaage)**, Middendam 5-7. Im Inneren des Waagengebäudes wurden einst Waren – wie Butter, Käse oder Getreide – gewogen und unter dem Vordach gehandelt. Das Obergeschoss wurde vom Stadtrat als Sitzungssaal genutzt. Heute befindet sich ein italienisches Restaurant im Gebäude.
- **Gebroeders de Boer Visrokerij (Fischräucherei)**, Havenstraat 12. Der Fisch, der in der Zuiderzee gefangen wurde, wird am Hafen geräuchert. Die Gebrüder de Boer räuchern auch noch Aal mit traditionellen Methoden.
- **Sportfondsenbad**, Wilhelminalaan 54, ✆ 651205, @ gpg554

Der vormalige Zuiderzeeort Monnickendam verdankt seinen Namen den Mönchen des friesischen Norbertinerklosters, welches bei Hallum liegt. Auf deren Initiative wurde das Land nach zahlreichen Überflutungen im 13. Jahrhundert endgültig trocken gelegt. An jener Stelle, wo der Hauptfluss von Waterland in die Zuidersee mündete, wurde ein Damm angelegt. Hier entstand dann eine Niederlassung mit dem Namen „Monnickendam" (Mönchendamm), die im Laufe der Zeit zu einer einflussreichen Handelsniederlassung heranwuchs und 1356 die Stadtrechte verliehen bekam. Der Purmer Ee, ein Fluss nördlich von Monnickendam, stellte die Verbindung zu einem Großteil von Nordholland her. Dank der günstigen Strömung konnten große Seeschiffe einfach in das Städtchen einfahren – es herrschte ein intensiver Handel mit den Ostseeländern. Ende des 17. Jahrhunderts versandete schließlich, durch den Abschluss der Purmer Ee, die Hafenlandschaft, wodurch dem internationalen Handel ein unfreiwilliges Ende gesetzt wurde.

Zwischen 1499 und 1515 wurde Monnickendam von drei Bränden heimgesucht. Lediglich der Spielturm überstand diese und alle späteren schwierigen Zeiten. Heute befindet sich darin ein Stadtmuseum. Zudem gibt es in Monnickendam noch einige Gebäude aus der Blütezeit dieses Gebietes, die um 1575 begann.

4
Volendam
Leeuvendaal
Purmer ringvaart
Blokgouw
N247
Volendams Museum
Doolhof
99
Kathammermühle
N517
Palingsoundmuseum
Käsemacherei und Holzschuhwerkstatt
1,2
Zedde
Abcoude
Slus sloot
Mariahoeve
Kweeklust
Hoogedijk
7
Trekvaart
Hildahoeve
Katwoude
Purmer Ee
Käsemacherei Willig
Hoogedijk
56
Noordeinde
0,6
Fischräucherei
Museum De Speeltoren
55
0,5
Monnickendam
Grote Kerk
N518
02
Moerlard
Markgouw
2,8
Kerkbuurt
Marker Museum
Moeniswert
Leuchtturm Het Paard
Marken
51
Havenbuurt
3
Wittewert
Rozewerf
Zuidervaart
N518
Uitbaakweg

KP 56 weiter am Damm entlang Katwoude passieren.

Katwoude

Vorwahl: 0299

- **De Kathammer (Katwouder Mühle)**, Achterdichting 1a. Die erste Windmühle wurde hier bereits um 1400 gebaut, um den Polder Katwoude trocken zu pumpen. Die kleine Schleuse im Damm stammt ebenfalls von dieser Zeit.
- **Käsemacherei Henri Willig**, Hoogedijk 8, ✆ 655151. Der Käsemacher ist auf die Herstellung von Gouda und Bauernkäse spezialisiert und kann gegen Voranmeldung besucht werden. Sollte die Zeit hierzu nicht reichen, können Sie im Käseladen von Willig, der sich in Edam am Spui befindet, vorbeischauen. @ ary131

Schließlich nach Volendam, wo der Weg durch das Zentrum führt **KP 99**.

Volendam

Vorwahl: 0299

- **VVV Volendam**, Zeestraat 37, ✆ 363747, @ kwg652
- **Volendam Marken Express**, Haven 39 , ✆ 363331. Fährzeiten: tägl. ab 10.30-19 Uhr, alle 30 Min. Neben dem Fährbetrieb werden auch Rund- und Ausflugsfahrten angeboten. @ hog368
- **Palingsoundmuseum**, Slobbeland 19 Das Wort „Palingsound" steht für eine Richtung klassischer, typisch holländischer Popmusik, die hier entstanden ist. Das Museum befindet sich in einem Pavillon auf dem Gelände der Aalräucherei. @ jno348
- **Volendams Museum**, Zeestraat 41, ✆ 369258. Das Museum ist durch seine einzigartige Sammlung an Zigarrenbändern bekannt. Zudem bietet es umfangreiche Informationen zur traditionellen Kleidertracht und Fischerei, wofür Volendam berühmt war und ist. Außerdem sind unterschiedlichste Kunststücke und stilvolle Einrichtungsgegenstände von früher zu bewundern. @ iek174
- **Aalräucherei Pavillon Smit-Bokkum**, Slobbeland 19, ✆ 363373. Hier können Sie eine Führung durch die Räucherei mit einem Aalmenü zum Abschluss kombinieren. Im Pavillon befindet sich das Palingsoundmuseum. @ xwt855
- **Doolhof (Irrgarten)**, Alter Ortskern. Die kleinen Straßen, niedlichen Grachten und hölzer-

nen Fischerhäuschen sind ohne festgelegten Plan erbaut worden. Darum hat man in dieser Umgebung tatsächlich den Eindruck, sich in einem Labyrinth zu befinden.

Visafslag, Haven 43, ✆ 06/57779875. Der 1934 erbaute Versteigerungsplatz für Fische und andere Kostbarkeiten aus der See war ein Gemeinschaftswerk der heimischen Fischer. Heute gilt dieses hölzerne Gebäude als Denkmal.

Waterdam, Harlingenlaan 25, ✆ 365003, @ ijj828

Touristen aus aller Welt besuchen Volendam seines Hafens und der Kleidertracht wegen. Letztere bekam durch die Werbung für Holland, beispielsweise mit Figuren wie „Frau Antje“, einen derart hohen Bekanntheitsgrad, dass sie von vielen als holländische Nationaltracht gesehen wird. Heutzutage wird diese Tracht kaum noch getragen, lediglich von einigen älteren Frauen, durch die Touristen ein unvergessliches Urlaubsfoto gewinnen. Vor allem in den Sommermonaten wimmelt die Stadt von Touristen, die die kleinen Straßen und Gassen mit ihren außergewöhnlichen Fassaden bewundern.

Von Volendam nach Hoorn 22 km

KP 98 an der Nordseite des Ortes den Damm verlassen und landeinwärts nach Edam **KP 96**.

Edam

Vorwahl: 0299

- **VVV Tourist-Info**, Damplein 1, (City Hall), 315125, @ nth753
- **De Muziekkamer**, Lingerzijde 31, 06/20889988 Eine außergewöhnliche Sammlung verschiedenster Instrumente erwartet Sie hier. @ eal544
- **Edams Museum**, Damplein 8, 372644 Das Museum befindet sich in einem schmalen Kaufmannshaus aus dem Jahr 1540, einem der ersten Steinbauten in Edam. Das besondere an diesem Gebäude ist der schwimmende Keller – ein wasserdichter gemauerter Behälter, der auf dem Grundwasser treiben kann und sich daher ständig auf und nieder bewegt. @ lhu421
- **Carillon**, Lingerzijde 1. Die spätgotische Kirche mit dem schmalen Schiff besticht nicht nur durch ihr Aussehen sondern auch durch ihren Glockenturm, der jede Viertelstunde eine kurze Melodie spielt.
- **Fort bij Edam**, Oorgat 10, 06/45834260 Das Fort ist Teil des Befestigungsrings um Amsterdam (weiter Infos dazu unter „Stelling van Amsterdam“ auf Seite 34) und kann auch mittels Führung besichtigt werden. @ gpa432
- **Kaasmarkt mit Kaaswaag (Käsewaage)**, Jan van Nieuwenhuizenplein. Im historischen Gebäude von 1778 können Sie Käse verkosten. Auf dem Platz findet im Juli und August der Edamer Kaasmarkt statt, jeweils von 10.30-12.30 Uhr. @ tid118

Der bekannte kugelförmige Edamerkäse wird seit dem 14. Jahrhundert von Edam in die

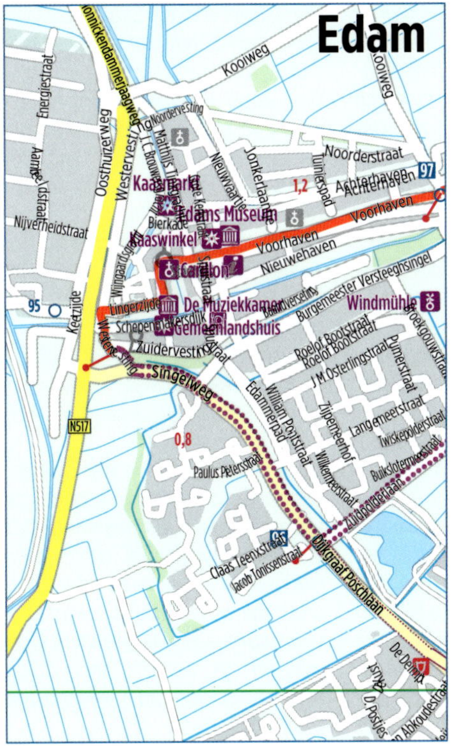
Edam
Kooiweg
Energiestraat
Oosthuizerweg
Westervesting
Noordervesting
Noorderstraat
Jonkerlaan
Nieuwvaartje
Tuinierspad
Achterhaven
Voorhaven
Nieuwehaven
Kaasmarkt
Edams Museum
Kaaswinkel
Carillon
Bierkade
Nijverheidstraat
Wingaardsgracht
De Muziekkamer
Gemeenlandshuis
Windmühle
Lingerzijde
Schepenmakersdijk
Zuidervestkade
Keetzijde
Burgemeester Versteeghsingel
Roelof Bootstraat
J.M. Osterlingstraat
Purmerstraat
Singelweg
Edammerpad
William Pontstraat
Langemeerstraat
Twiskepolderstraat
Zijpemeerhof
Wilkemeerstraat
Paulus Petersstraat
Claas Teenxstraat
Jacob Tonissenstraat
Dijkgraaf Poschlaan
De Deimt
Abkoudestraat
N517
95
97
1,2
0,8
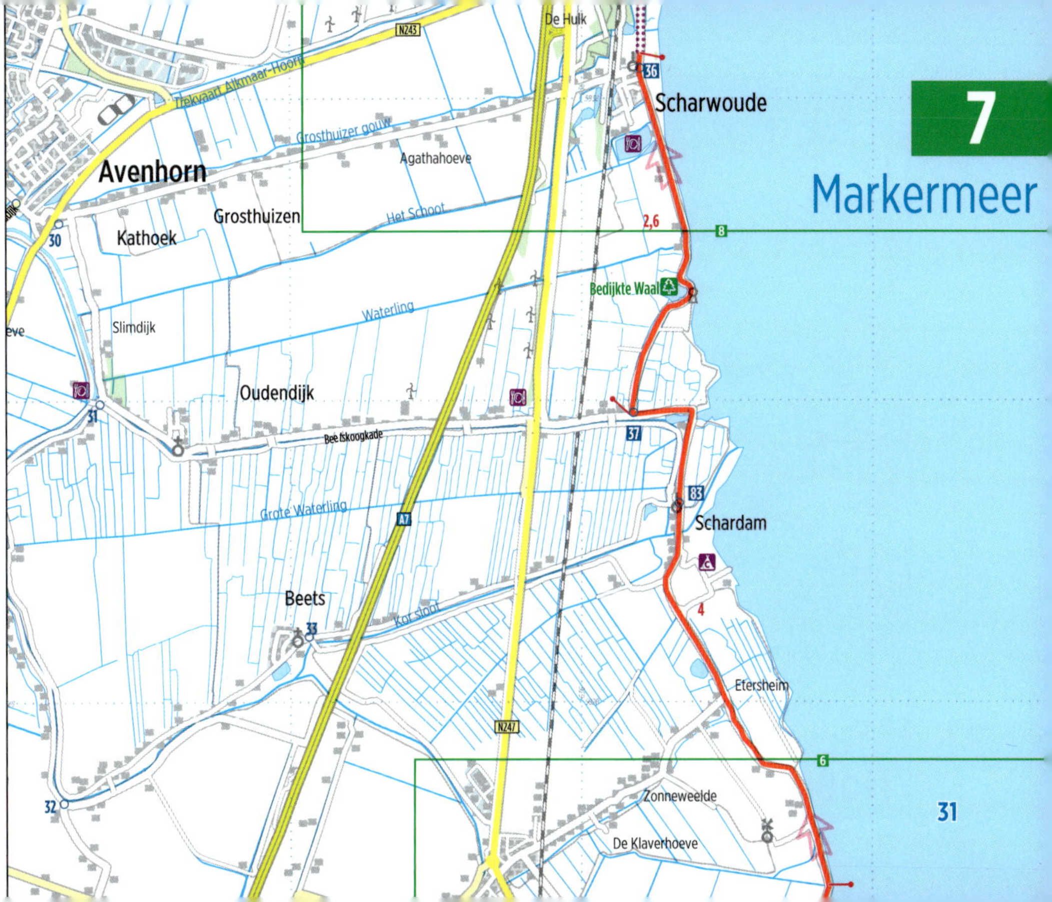
7
Markermeer
De Hulk
N243
Scharwoude
Trekvaart Alkmaar-Hoorn
Grosthuizer gouw
Agathahoeve
Avenhorn
Grosthuizen
Kathoek
Het Schoot
2,6
8
Bedijkte Waal
Waterling
Slimdijk
Oudendijk
Beetskoogkade
Grote Waterling
A7
Schardam
Beets
Kor sloot
4
Etersheim
N247
Zonneweelde
De Klaverhoeve
6
30
31
32
33
36
37
83

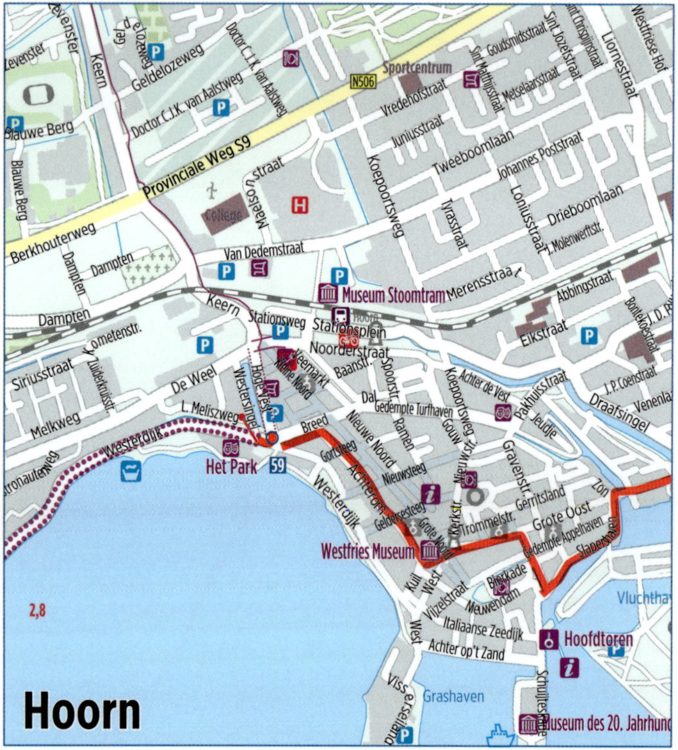

ganze Welt verschifft und wurde nach der zentralen Handelsstadt benannt. „Von der frischen Kuhmilch machte die Bäuerin einen gut schmeckenden Käse, der innen hart sein und eine runde Form besitzen musste." Um den Käse günstiger produzieren zu können, halfen die Bauern zusammen und verarbeiteten die Milch in Fabriken. Der Käse wurde aber nicht nur auf dem Käsemarkt zum Verkauf angeboten, sondern auch von Schifffahrern als Proviant oder Tauschmittel mitgenommen. Auf diese Weise gelangte der Käse vom Hafen in Edam in die ganze Welt.

Edam steht in seiner Schönheit dem bekannten Volendam um nichts nach, dennoch ist es hier um vieles ruhiger. Steigen Sie von Ihrem Fahrrad und streifen Sie durch die mittelalterlichen Gässlein, entlang der geschichtsträchtigen Grachten und bewundern Sie die Hängebrücken. Schiffswerften, Käse und Schifferei sorgten hier früher für Wohlstand.

Das Zentrum von Edam verlassen und entlang des Gewässers Oorgat, welches Edam mit der Zuidersee verbindet, **KP 97** wieder Richtung Damm an der Schleuse entlang des Dammes weiter die Route führt durch die Dörfer **Etersheim**, **Schardam KP 83**, **KP 37** und **Scharwoude KP 36**.

Scharwoude

Bedijkter Waal. Der Bedijkte Waal, auf deutsch eingedämmte Wehle, entstand bei einem Dammbruch im Jahr 1675.

Durch seine Lage in der Zuiderzee hat Scharwoude eine bewegte Vergangenheit aufzuweisen. Das alte Dorf wurde bei zahlreichen Hochwässern teilweise oder komplett überschwemmt: Die Flut 1375 spülte beinahe das gesamte Dorf weg, im 16. und 17. Jahrhundert kam es zu einigen ernsthaften Dammbrüchen.

8
Hoorn
Mariahoeve
Tochthoeve
Bobeldijk
Berkhout
Oosteinde
Grote Waal
Westerkogge
De Hulk
Scharwoude
Agathahoeve
Het Schoot
Keern
Westerdijk
Westfries Museum
Vluchthaven
Hoofdtoren
Grashaven
Oostereiland
Museumshafen
Museumsschiff De Halve Maen
Kersenboogerd
Hoorn 80
Westerblokker
t Keerpunt
Vriendenhof
Molentocht
Schellinkhout
LFZZ
Markermeer
N506
N243
A7
60
61
20
21
19
59
58
36
62
63
2,8
1,4
6
7
9
33

Hafen Hoorn

Eineinhalb Kilometer südlich von Scharwoude führt die Route am „Bedijkte Waal“, einem kleinen See, entlang. Dieser See entstand, als Wassermassen den Damm derart heftig durchbrachen und so viel Erdreich wegschwemmten, dass ein tiefes Wasserloch zurückgeblieben ist. Die so entstandenen Seen und Teiche werden auch Wehle oder Brack genannt. Der „Bedijkte Waal“ (eingedämmte Wehle) entstand bei einem Dammbruch am 6. November 1675. Drei Jahrhunderte später wurde auf diesem Damm ein Denkmal gesetzt.

Weiter nach Hoorn **KP 58**, **KP 59**.

Hoorn

Vorwahl: 0229

- **VVV Agentur - Tourist Info**, Westfriese Parkweg 1, ✆ 799060, @ gve871
- **VVV Tourist-Info-Point**, Schuijteskade 1, ✆ 855761, @ oby272
- **Watertaxi Hoorn**, Oostereiland 21, ✆ 06/46374059. Rundfahrten, Bootsverleih, Wassertaxi, @ lqa161
- **Museum van de 20e Eeuw (Museum des 20. Jahrhunderts)**, Krententuin 24, ✆ 214001 In diesem Museum sind Spielzeuge sowie Einrichtungs- und Gebrauchsgegenstände aus dem 20. Jh. ausgestellt. Das Museum befindet sich in einem ehem. Gefängnis ganz in der Nähe des Hafens. @ ycg726
- **Museumshafen Centrum Varend Erfgoed Hoorn**, Schuijteskade 22, Oostereiland, ✆ 06/25195696. Hier liegen historische Schiffe vor Anker, die zu besichtigen sind. Außerdem erfahren Sie Wissenswertes über die Schifffahrt auf dem Markermeer. @ isu861
- **Museumsschiff de Halve Maen**, Oostereiland, ✆ 708024. Diese Replik des VOC-Schiffs ist aufgrund seines englischen Skippers Henry Hudson bekannt geworden. Auf der Halve Maen (Halbmond) brach er 1609 auf, um einen neuen Seeweg nach Asien zu erkunden. @ tym734
- **Stoomtram Hoorn-Medemblik**, Van Dedemstraat 8, ✆ 255255. Von Apr.- Ende Okt. lädt die Museum-Dampfstraßenbahn regelmäßig zu Ausflugsfahrten von Hoorn nach Medemblik ein. Die Fahrt kann zu einer Tagesreise im „Historischen Dreieck“ ausgedehnt werden, indem Sie von Medemblik mit einem alten „Ausflugsschiff“ nach Enkhuizen weiterfahren. Zum Abschluss dieser kleinen Rundreise nehmen Sie den Linienzug zurück nach Hoorn. @ ayk841
- **Westfries Museum**, Rode Steen 1, ✆ 280022. Das Museum bietet eine umfangreiche Sammlung an Ausstellungsstücken, Einrichtungs- und Kunstgegenständen, die die Geschichte von

Hoorn und Westfriesland sowie über den damaligen Handel und die Rolle der Vereinigten Ostindien Handelskompanie (VOC) erzählen. Das Gebäude, in dem das Museum seit 1880 eingerichtet ist, sticht durch seine extravagante Front, an der viele Bilder und Reliefs angebracht sind, hervor. Das Haus stammt ursprünglich aus dem Jahr 1632 und diente damals als Versammlungsstätte für den Rat von Westfriesland und des „Noorderkwartiers" (nördliches Viertel). @ opq468

De Waterhoorn, Holenweg 14e, ✆ 217770, @ wtq271

So wie viele andere Hafenstädte erlebte auch Hoorn seine Blütezeit im 17. Jahrhundert, auch Goldenes Jahrhundert genannt. Ausschlaggebend hierfür war die Errichtung einer Zentralstelle der Vereinigten Ostindien Kompagnie (VOC) im Jahr 1602. Die VOC hatte lange Zeit eine Monopolstellung im Handel mit dem Fernen Osten und war die wichtigste und einflussreichste Stadt Westfrieslands. Ende des 17. Jahrhunderts verlor Hoorn jedoch seine Vorrangstellung durch die Konkurrenz von Amsterdam. Die Schiffe der VOC legten nicht mehr in Hoorn an, um ihre Waren zu entladen, der Schiffsbau – worin Hoorn bis dahin eine Vorreiterrolle innehatte – wurde von Amsterdam geregelt und lediglich im Bereich der Zaan zugelassen. Hoorn hielt zumindest noch

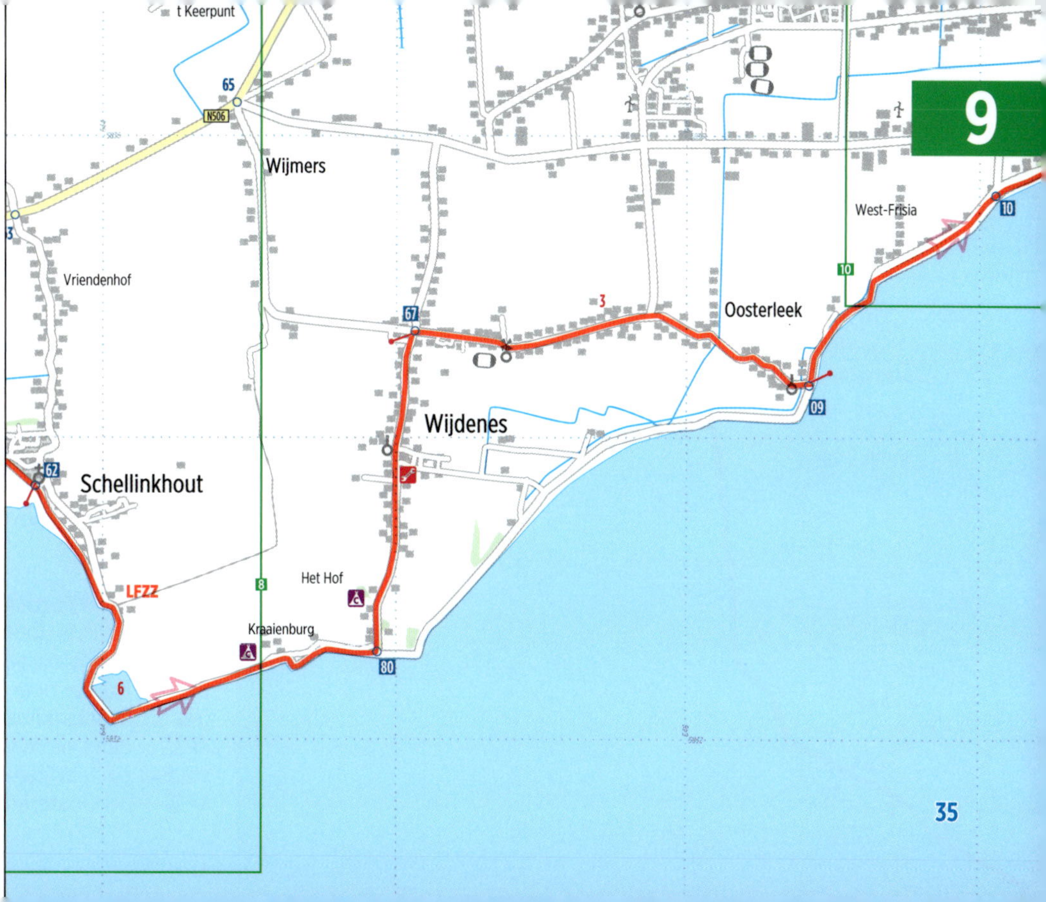

seine zentrale Position am Markt von agrarischen Produkte aus der Region.

Viele historische Bauwerke im Zentrum, wie z. B. die Herrenhäuser, das Stadttor und die Behörden- und Handelsgebäude stammen noch aus dieser Blütezeit und halten die Erinnerung an das Goldene Jahrhundert lebendig. Lassen Sie sich bei Ihrem Spaziergang durch Hoorn auf keinen Fall den Hafen mit seinem Hauptturm sowie den Hauptplatz Rode Steen (Roter Stein), auf dem sich auch das Westfriesenmuseum befindet, entgehen.

Von Hoorn nach Enkhuizen 24 km

Außerhalb von Hoorn weiter am Damm der ehemaligen Zuidersee, die hier Markermeer heißt ~ vorbei an **Schellinkhout** KP 62 zum KP 80 ~ den Damm für einen Abstecher nach **Wijdenes** verlassen KP 67 ~ bei **Oosterleek** zurück an den Damm KP 09 ~ diesem über KP 10 und KP 47 bis **Broekerhaven** folgen.

Westfriese Omringdijk (Ringdamm)

Von Hoorn bis Medemblik fahren Sie meist entlang des Westfriesischen „Omringdijks". Aufgrund von Sturmfluten im Mittelalter und der daraus resultierenden Wassermassen war so viel Erdreich in Nordholland abgetragen worden, dass das heutige Westfriesland komplett von Wasser umgeben war. Um einem noch größeren Landverlust vorzubeugen, wurden von der Mitte des 13. Jahrhunderts an kleine, trocken gelegte Gebiete (Deiche) miteinander verbunden, bis schließlich um 1350 das gesamte Gebiet durch einen langen, ringförmigen Damm geschützt war. Dieser „omringdijk" verläuft von Enkhuizen über Hoorn, Alkmaar und Schagen nach Medemblik und hat eine Länge von 126 km. Der

Damm steht auf der Liste geschützter Monumente und ist unter anderem durch die roten Pfähle erkennbar. Durch diverse Einpolderungen ist Westfriesland schon längst keine Insel mehr. Das Dammstück zwischen Medemblik und Hoorn grenzt aber noch an das Wasser und zählt daher zu den schönsten Abschnitten. Vorbei am kleinen Hafenbecken und somit am Scheepslift (Schiffslift) in Broekerhaven.

Broekerhaven (Bovenkarspel)

Das Gebiet hinter dem Damm ist ein wichtiges Gartenbaugebiet, wo bis etwa 1970 der Transport größtenteils auf dem Wasserweg erfolgte. Die Schiffe mit den Gartenbauprodukten wurden bis 1887 von Pferden über den Damm gezogen, um auf das Wasser außerhalb – die Zuidersee – zu gelangen. Die Pferde wurden abgelöst von einer Dampfmaschine, dieser folgte 1923 ein elektrischer Schiffslift. In den 70er Jahren wurde dieser für den Gartenbau unbedeutend, bis heute blieb er aber in Betrieb und wird nun in erster Linie für Ausflugsfahrten genutzt.

KP 28 bei Brokerhaven den Damm verlassen ~ links nach Bovenkarspel.

Bovenkarspel

Kletterpark Streekbos, Veilingweg 21, ✆ 06/10862338, @ kyr455

KP 27 rechts nach Enkhuizen **KP 30**.

TIPP: Auf Ihrem Weg entlang der Zuiderzeeroute sollten Sie sich einen Besuch im Zuiderzeemuseum auf keinen Fall entgehen lassen.

Zuiderzeemuseum

Enkhuizen

Vorwahl: 0228

- **Touristeninformation**, Tussen Twee Havens 1, ✆ 313164, @ yxt557
- **Enkhuizen-Stavoren**, Tritondam 3, ✆ 326006, @ fei684
- **Flessenscheepjes Museum (Buddelschiffmuseum)**, Zuiderspui 1, ✆ 318583 Große Vielfalt an Flaschen- u. Schiffstypen und thematische Ausstellungen. @ tkg441
- **Sow to grow**, Westerstr. 111, ✆ 725747 Modernes Erlebnisprojekt um Pflanzenzüchtung und gesunde Nahrung zu vermitteln und auf interessante Weise näher zu bringen. @ aca274
- **Zuiderzeemuseum**, Wierdijk 18, ✆ 351111. Das Museum besteht aus dem Innenmuseum und dem Freilichtmuseum. Im Freilichtteil des Museums können Sie sich ein Bild vom früheren Leben machen – 130 alte Wohnungen, div. Geschäfte und Arbeitsstätten aus verschiedenen Städtchen rund um die Zuiderzee wurden hier originalgetreu aufgebaut. Außerdem bietet das Museum wechselnde Ausstellungen zur Geschichte der Zuiderzee. @ qmf883
- **Sprookjeswonderland**, Kooizandweg 9, ✆ 317853 Abenteuerpark, @ wmd461
- **Enkhuizerzand**, Kooizandweg 12, ✆ 323173, @ crp832

Wie auch Hoorn erlebte Enkhuizen seine Blütezeit im 17. Jahrhundert. Die Einwohnerzahl erreichte mit 25.000 ihren absoluten Höhepunkt – eine Zahl, die bis heute nicht wieder erreicht werden konnte. Neben der VOC betrieb auch die Westindien-Kompanie (WIC) Handel über Enkhuizen. Eine wahre Goldmine war in jenen Tagen der Heringfang – die drei Heringe im Stadtwappen erinnern noch heute daran. Neben all den monumentalen Bauten ist der eigentliche Blickfang das Kettentor – auch Drommedaris genannt, das Teil der alten Festungsmauer ist.

Von Enkhuizen nach Medemblik 23,5 km

KP 14 von Enkhuizen der Beschilderung am Damm Richtung Medemblik folgen ~ dabei Andijk passieren **KP 15**.

Andijk

Vorwahl: 0228

- **Eendenmuseum**, Gedeputeerde Laanweg 43. Umfangreiche Sammlung des Kultautos Citroën 2 CV. @ ksk352
- **Hoedenmuseum „zet ,m Op**, Hornpad 11, Hutmuseum, ✆ 592954 Hier dreht sich alles um den Hut, von der Fertigung über die Hutnadel bis hin zu Zeitschriften. @ xsw665
- **Poldermuseum Het Grootslag**, Dijkweg 319, ✆ 592227. Das Museum lässt Sie 500 Jahre Geschichte erleben. Es zeigt, wie sich der riesige Polder zwischen Hoorn, Wervershoof und Enkhuizen entwickelte. Das Museum befindet sich im ehem. Pol-

IJsselmeer
Andijk
Wervershoof
Oosterdijk
De Ven
Spaarbekkens
Poldermuseum Het Grooslag
Hoedenmuseum
Eendenmuseum
LFZZ
Kathoek sloot
Kerkesloot
Meijndert
Hoek sloot
Leitvesloot
Molensloot
Melksloot
7,5
8
15
16
57
74
14
13
11
39
afheuvels
aderdijk

derschöpfwerk „Het Grootslag" (Der Großschlag) aus dem Jahr 1927. @ fxy277

Zwembad de Weid, Klamptweid 72, ✆ 591996, @ isl268

Die Route führt vorbei an **Wervershoof KP 57** und **Onderdijk KP 74** nach Medemblik.

Medemblik

Vorwahl: 0227

VVV-Agentur Medemblik, Pekelharinghaven 50, ✆ 06/12335841, @ kir842

Bakkerijmuseum De Oude Bakkerij (Alte Bäckerei), Nieuwstraat 8, ✆ 545014 Hier sehen, riechen, schmecken und erleben Sie das traditionelle niederländische Bäckerhandwerk. @ wjh631

Stoommachinemuseum (Dampfmaschinenmuseum), Oosterdijk 4, ✆ 544732 Dieses Museum befindet sich in den Mauern eines früheren Schöpfwerkes, welches mit Dampf betrieben wurde. Sie können hier Dampfmaschinen in allen Größen bewundern, die noch heute einsatzbereit sind. @ eqe246

Burg Radboud, Oudevaartsgat 8, ✆ 541960 Wechselausstellungen über das Mittelalter im authentischen Ambiente. @ ihi551

Medemblik erhielt 1289 durch Graf Floris V. die Stadtrechte verliehen. Er ließ hier, an der Nordseite Westfrieslands, eine Festung bauen, um Eindringlinge abhalten zu können. Vor allem aber diente es der Einschüchterung der erst kurz zuvor bezwungenen Westfriesen. Das Schloss war kaum bewohnt – lediglich wenn Schlachten stattfanden. Zudem bot es der Bevölkerung von Medemblik Zuflucht bei Überfällen auf die Stadt. Ende des 16. Jahrhunderts verfiel Schloss Radboud zusehends. Zwei Restaurierungen Ende des 19. Jahrhunderts gaben dem Schloss sein früheres Aussehen wieder.

Der Wieringermeerpolder war der erste Polder, der in der Zuidersee trocken gelegt wurde. Eigentlich sollte mit dessen Trockenlegung gewartet werden, bis der Afsluitdijk angelegt worden war, aber der Mangel an Landbaufläche war zu

Medemblik, Kasteel Radboud

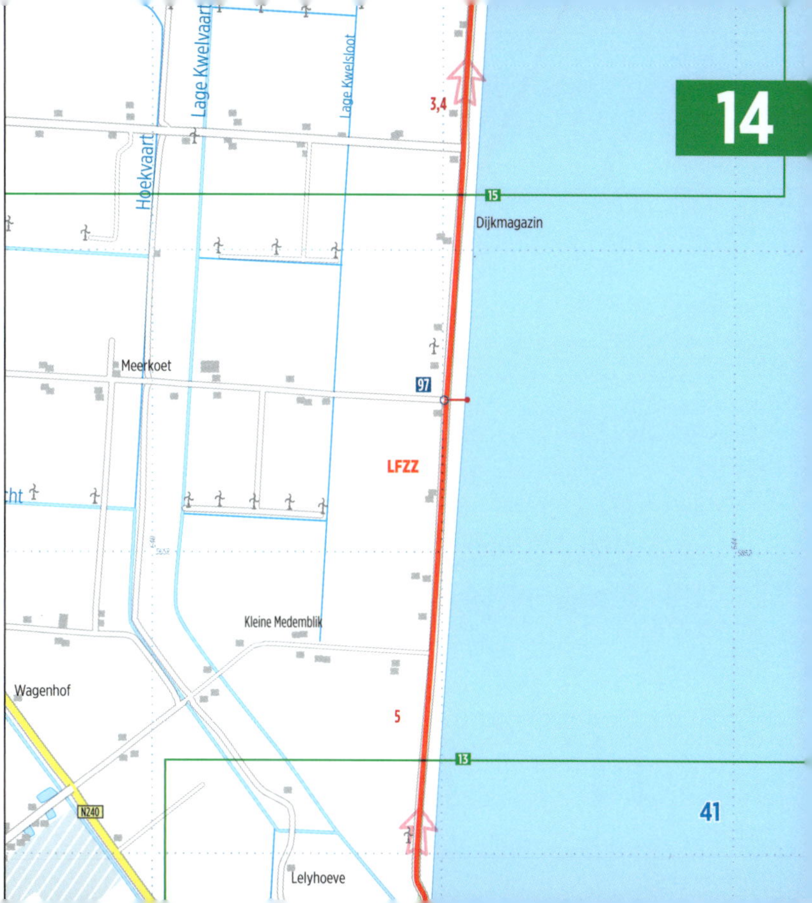

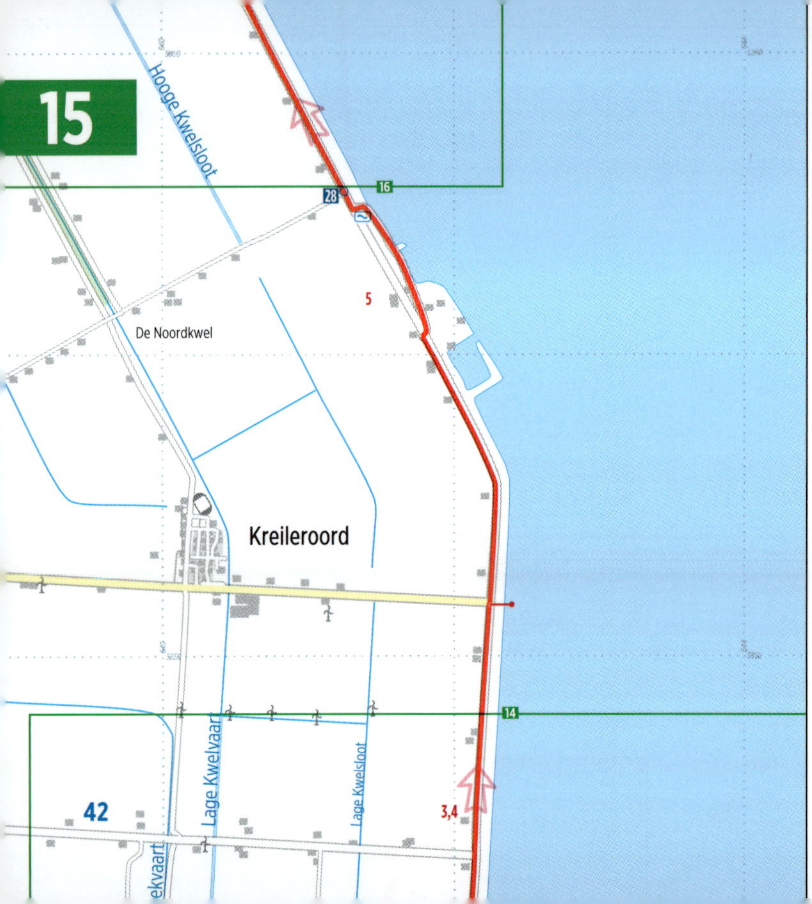

groß. Im Jahr 1930 war der Polder trocken genug, um ihn nutzen zu können; er wurde gleichmäßig in Parzellen von 20 Hektar eingeteilt und es entstanden aus Backstein gebaute Bauernhöfe, einer gleich dem anderen. Die einzige Unregelmäßigkeit bildet der Wald an der Dammöffnung, wo die Deutschen im April 1945 – kurz vor Ende des Zweiten Weltkrieges – den Damm sprengten.

Vom Medemblik nach Den Oever 23 km

KP 63 den Weg nördlich von Medemblik fortsetzen ⇝ weiter am Damm des Wieringermeerpolders **KP 98**.

Der Wieringermeerpolder war der erste Polder, der in der Zuidersee trocken gelegt wurde. Eigentlich sollte mit dessen Trockenlegung gewartet werden, bis der Afsluitdijk angelegt worden war, aber der Mangel an Landbaufläche war zu groß. Im Jahr 1930 war der Polder

Afsluitdijk

Den Oever, Am Hafen

trocken genug, um ihn nutzen zu können; er wurde gleichmäßig in Parzellen von 20 Hektar eingeteilt und es entstanden aus Backstein gebaute Bauernhöfe, einer gleich dem anderen. Die einzige Unregelmäßigkeit bildet der Wald an der Dammöffnung, wo die Deutschen im April 1945 – kurz vor Ende des Zweiten Weltkrieges – den Damm sprengten.

KP 25 an der Nordkante der Wieringermeerpolder den Damm verlassen und die Route durch den **Robbenoordwald** fortsetzen weiter nach Den Oever **KP 66**.

Den Oever

Vorwahl: 0227

- **Tourist-Information**, Havenweg 1, 510467, @ ual361
- **Informatiecentrum Vikingen op Wieringen**, Havenweg 1, 510467 Besucherzentrum, das über die Zeit informiert, als die Wikinger ihre Silberschätze auf der Insel hinterließen. @ wdt554

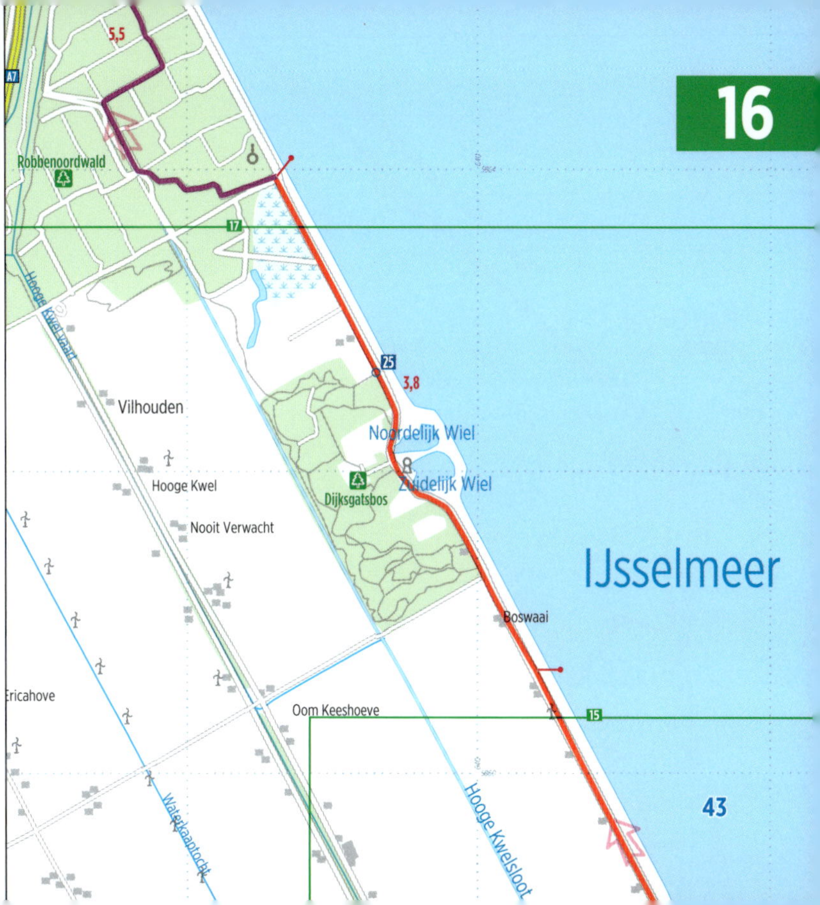

De Hoop, Hofstraat 57, ✆ 533139. Reetgedeckte Erdholländerwindmühle aus dem Jahre 1654, @ isd612

Den Oever mit seinem Fischerhafen ist der einzige Ort der ehemals prächtigen Insel Wieringen, den Sie noch bewundern können. Wieringen ist ein hochgelegenes Plateau aus Geschiebelehm (Blocklehm), das den Wellen standhielt, nachdem das umliegende Land weggespült worden war. 1924 wurde Wieringen über einen Damm mit dem Festland verbunden. Es gibt nun Pläne, Wieringen den Inselstatus zurückzugeben, indem an der Südseite ein See angelegt werden soll.

TIPP Der Abschlussdeich ist voraussichtlich bis Ende 2022 gesperrt. Es wird ein bestens organisierter Radtransfer angeboten! Zu finden unter: https://theafsluitdijk.com/de/

Vom Afsluitdijk nach Kampen

194,1 km

HM/km: ⬀ 0,3 (63m) ⬂ 0,3 (66m) Radweg: 43 % Unbefestigt: 5 % Verkehr: 2 %

Die Überquerung des Abschlussdeiches ist ein spannendes Unternehmen, denn Sie haben während der ganzen Fahrt tollen Ausblick auf die See, einerseits auf die offene Nordsee und andererseits auf das IJsselmeer – allerdings kann es zu unangenehmen Beeinträchtigungen durch Seitenwind kommen. In der Regel haben Sie in dieser Richtung Rückenwind. Danach führt die Route weiterhin am Deich entlang – vorbei an saftigen Wiesen und an riesigen Schafherden, die auf den Deichhängen weiden. Sie fahren durch die malerischen Orte Lemmer, Ossenzijl und Blokzijl nach Kampen - das Ziel dieser Etappe.

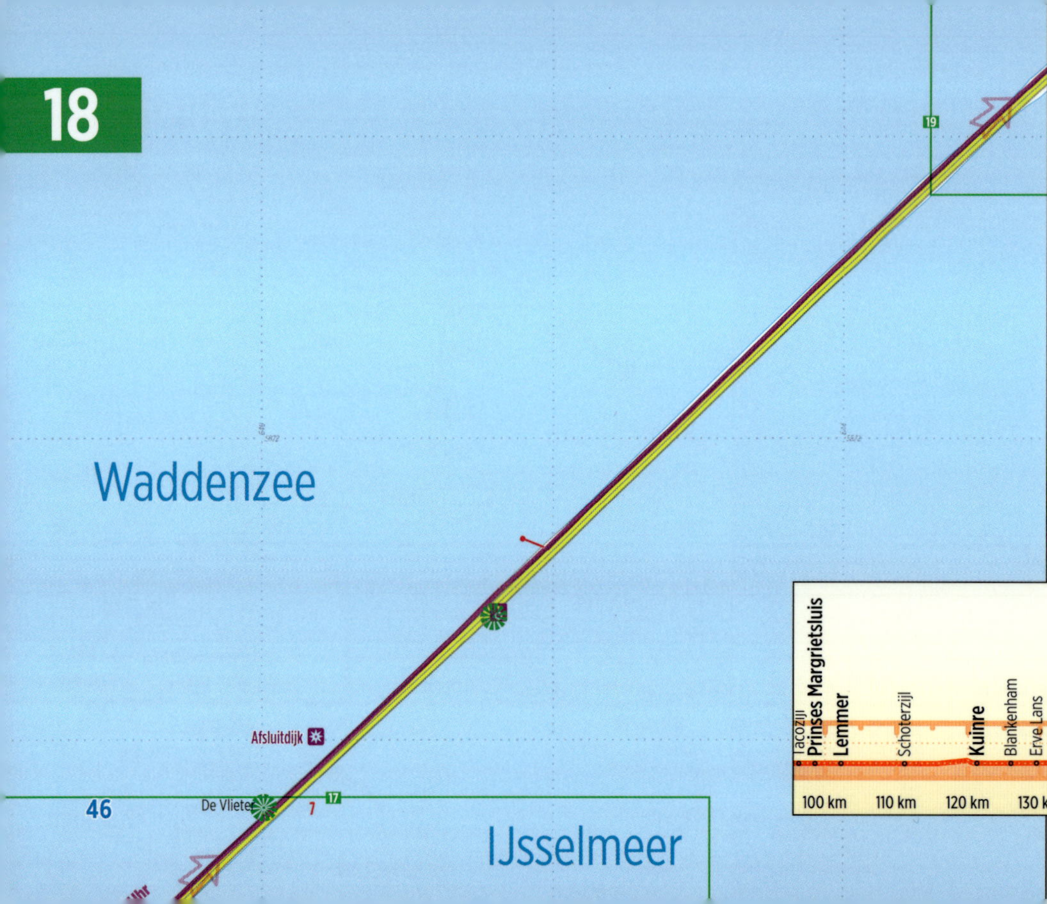

Von Den Oever nach Makkum **31 km**

Von Den Oever über den **Afsluitdijk** radeln.

Kornwerderzand/Koarnwertersân

WaddenCenter, Afsluitdijk 1c, ✆ 0517/723026, @ ibs677

Kazemattenmuseum Kornwerderzand, Afsluitdijk 5, ✆ 0517/579453 Rundfahrten von Makkum zum Museum Mi und Sa. Anfang der 1930er Jahre entstand dieser Bunkerkomplex in Kornwerderzand zum Schutz des Abschlussdeiches. Die Bunker der ehemaligen Verteidigungslinie sind vollständig eingerichtet und vermitteln auch mit Hilfe einer Ausstellung einen Eindruck der Besatzungszeit und des Zweiten Weltkrieges. @ rtu364

Der Afsluitdijk

Der Bau des 32 km langen, 1932 fertig gestellten Afsluitdijk (Abschlussdeich) war für die damalige Zeit eine sehr aufwändige Arbeit. Zusätzlich zum Damm, der die Zuiderzee abschließen

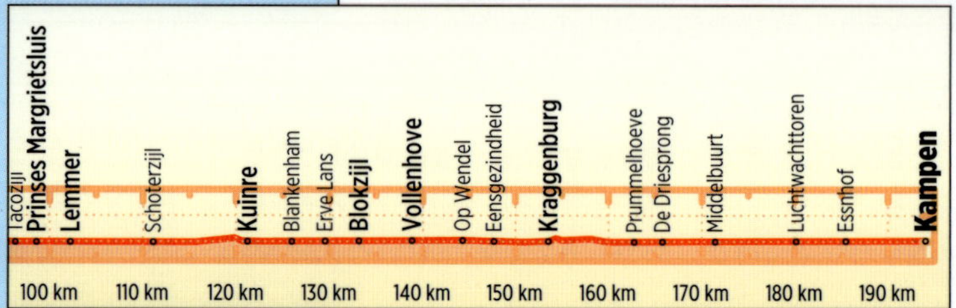

sollte, mussten auch Spül- und Kammerschleusen gebaut werden. Der Afsluitdijk verfügt zudem über 25 Entwässerungsschleusen. Wo der Deich 1932 geschlossen wurde (ca. 6 km von Den Oever entfernt), steht ein Denkmal in Form eines Aussichtsturms nach einem Entwurf des Architekten Willem Dudok mit Café.

Bake am Afsluitdijk

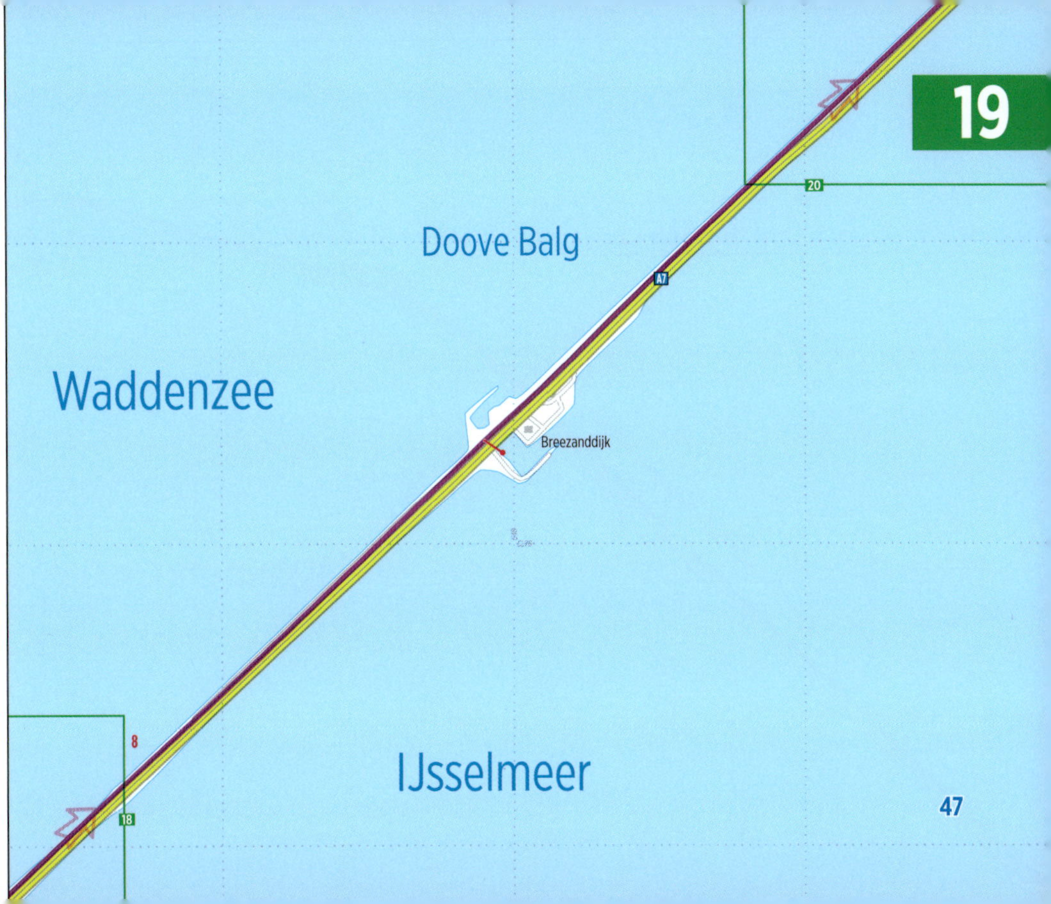

20

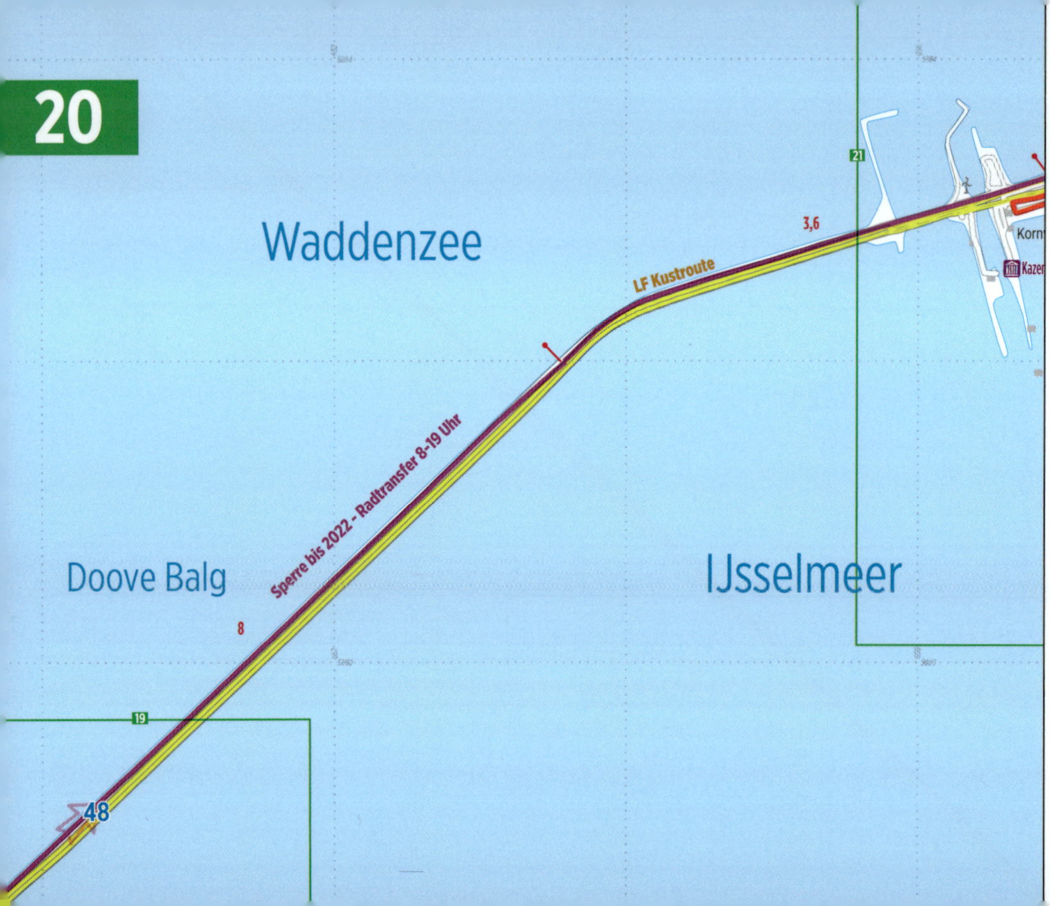

Durch die Anlage dieses Dammes wurde die niederländische Meeresküste mit einem Schlag um 250 km verkürzt. Der Abschnitt entlang des Afsluitdijk ist der einzige Bereich, wo Sie direkt am Meer radeln – das starke Verkehrsaufkommen und die Gleichförmigkeit des Abschnittes müssen Sie dafür aber in Kauf nehmen.

Nach den Lorentz-Schleusen, nahe dem Friesischen Festland, setzt die LF ZZ ~ auf die Südkante des Afsluitdijk wechseln ~ in Friesland angekommen **KP 74**, rechts abbiegen ~ entlang des IJsselmeerdijks **KP 52** nach Makkum.

Makkum

Vorwahl: 0515

- **Museum Ald Makkum**, Waagsteg 1a, ✆ 230670 Das Museum organisiert Ausstellungen in der alten Stadtwaage und beherbergt eine Sammlung von historischen Fakten von Makkum und Umgebung. @ xrt387
- **Freizeitzentrum De Holle Poarte**, De Holle Poarte 2, ✆ 231344, @ nne562

Das Stadtbild Makkums ist geprägt von der charakteristischen städtischen Struktur der ersten Hälfte des 17. Jahrhunderts. Die stattlichen Kaufmannshäuser werden geziert von aufwändig gestalteten Giebeln, von denen keiner dem anderen gleicht. Sie zeugen von der Zeit, als Makkum im 17. und 18. Jahrhundert ein bedeutender Ort der Industrie und des Handels war. Ziegeleien und Dachziegelfabriken, Getreide-, Öl-, Papier- und Holzmühlen waren hier angesiedelt. In über 100 Öfen wurde Kalk gebrannt und in den Werften zahlreiche Schiffe gebaut. Makkum entwickelte sich in dieser Zeit zum Zentrum der niederländischen Keramikherstellung. Im 19. Jahrhundert versandete die Zuiderzee so stark, dass die Schifffahrt, von der die Industrie abhängig war, erheblich eingeschränkt wurde. Der Handel stagnierte

22

und die Industriebetriebe mussten schließen. Einzig die Werften und die alteingesessenen Keramikmanufakturen blieben bis heute erhalten.
Makkum lebt seit dem Bau des Abschlussdeiches größtenteils vom Tourismus. Tausende Freizeitsportler und Feriengäste tummeln sich jährlich in der Stadt, haben mit ihren Booten in der stattlichen Marina festgemacht oder surfen vor der „Holle Poarte", dem Tor zur Hölle, wie die Kapitäne die Bai vor dem Hafen Makkums, in der gefährliche Stürme wüten konnten, nannten.

Von Makkum nach Hindeloopen 23 km

Die Route führt entlang des Dammes weiter ~ nach dem Dörfchen **Gaast** den Damm verlassen ud weiter zum Weiler **Ferwoude** **KP 01** ~ geradeaus **KP 02** ~ rechts Richtung Workum **KP 04**.

Am IJsselmeer in Hindeloopen

Hindeloopen

Workum

Vorwahl: 0515

- **Toeristen Informatie**, Noard 17, bij Het Boekhuis, ✆ 541314, @ waf563
- **Jopie Huisman Museum**, Noard 6, ✆ 543131. Das zentrale Thema dieses Museums sind die Werke des im Jahr 2000 verstorbenen Malers Jopie Huisman. Er war anfangs ein einfacher Händler von Lumpen und Alteisen; später begann er seine Handelswaren auf Leinen zu malen und wurde so zu einem bekannten Maler. @ cpj657

Workum zählt zu den elf Städten Frieslands. Das Städtchen liegt nicht direkt an der Zuidersee, ist aber mit dieser über den breiten Wasserweg „It Soal" verbunden. So wie viele andere Städte rund um die Zuidersee erlebte Workum seine Blütezeit im 17. Jahrhundert, durch das Versanden des Hafens wurde der Handel aber schließlich stark eingeschränkt. Die „Gertrudiskerk" ist die größte mittelalterliche Kirche Frieslands.

Im Bereich von Workum haben Sie keine Sicht mehr auf das IJsselmeer ~ die Route verläuft

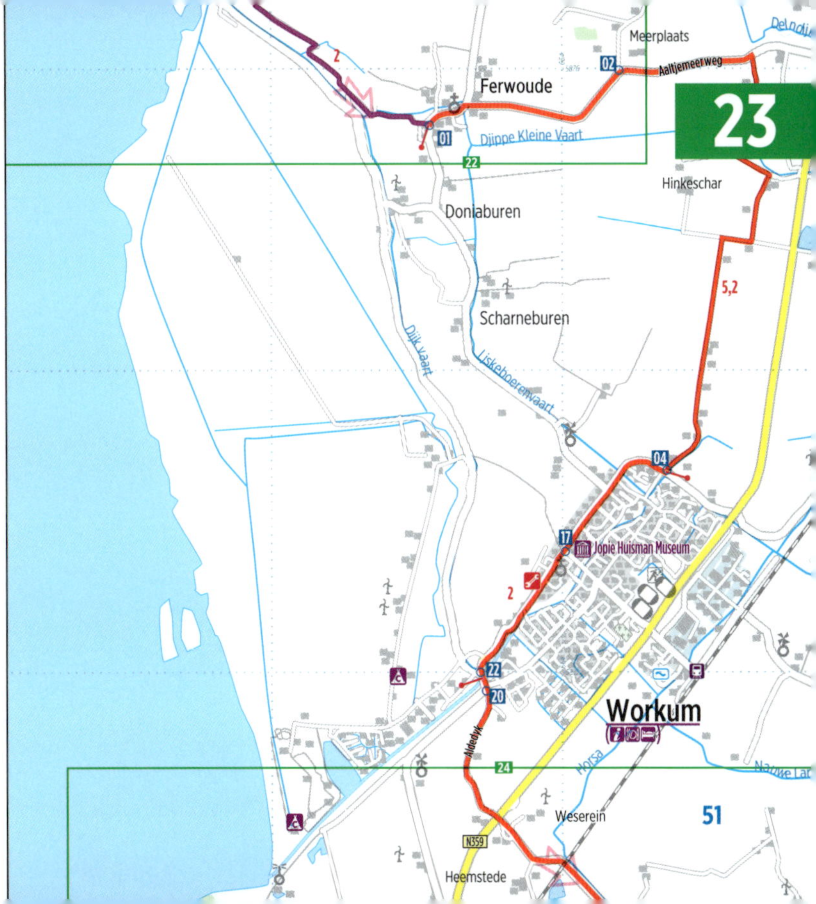

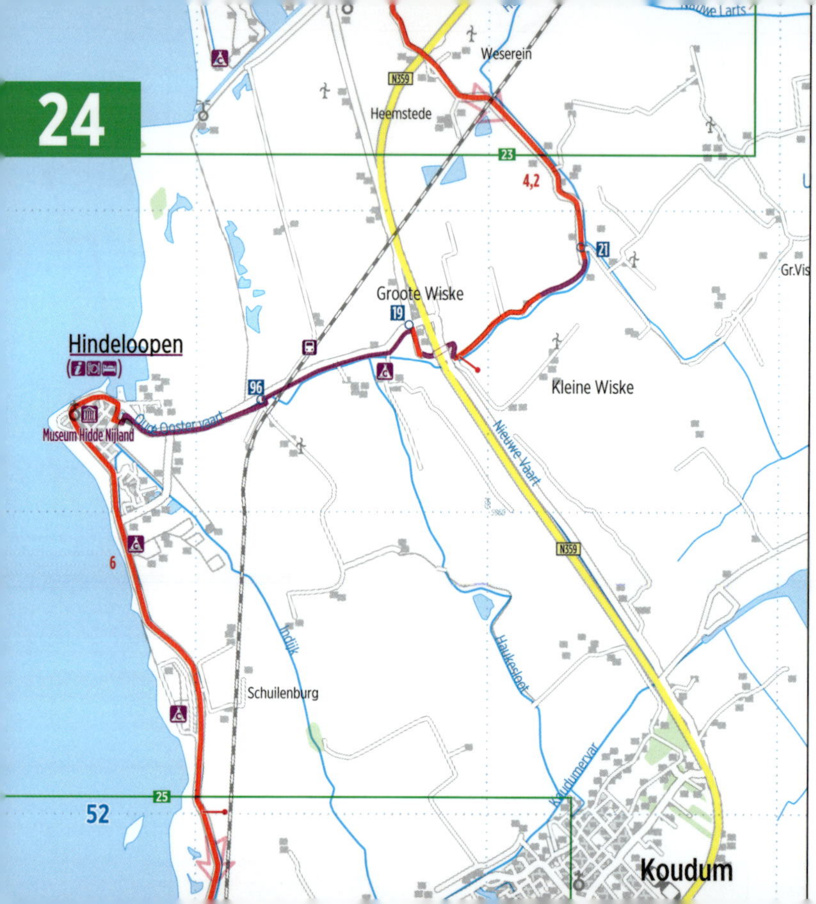

Het vrouwtje van Stavoren

entlang eines älteren Dammes, KP 21, KP 19, KP 96 westlich liegen die neuen Poldergebiete ~ bei Hindeloopen führt die Route zurück zum IJsselmeer.

Hindeloopen

Vorwahl: 0514

VVV, Dijkweg 1, ✆ 521420, @ nbu333

Museum Hindeloopen (Stadt- und Schifffahrtsmuseum), Dijkweg 1-3, ✆ 521420. Das Museum informiert über die Kultur und Geschichte von Hindeloopen. Illustriert durch die Malerei, sowie die typische bunte Tracht, Schiffsmodelle, Gemälde und Kupferstiche. @ nok446

Schaatsmuseum, Kleine Weide 1-3, ✆ 521683, ✆ 06/26978787 Hier findet man eine Menge historischer Schlittschuhe und Sammlungen zum Thema Eislauf. @ cqx883

Hindeloopen ist mit seinen 870 Einwohnern die mit Abstand kleinste Stadt der elf friesischen Städte. Die kleinen Grachten und Denkmäler, unter anderem der schiefe Westturm, machen es zu einem malerischen Städtchen. Hindeloopen ist reich an Kultur und Tradition: ein eigener Dialekt, eine Kleidertracht, die noch von der Volkstanzgruppe Aald Hielpen getragen wird und weltberühmte Malkunst – reich an Farben und Blumen. Diese entstand ungefähr um 1650 und diente zum Verzieren von Möbeln, Wänden und diversen Gebrauchsgegenständen.

Von Hindeloopen nach Oudemirdum *25,5 km*

Entlang des Dammes **KP 97** und danach über **KP 84** und **KP 60** zum Ortsbeginn von Stavoren **KP 98** links und am Hafen und Bahnhof vorbei links über die Brücke und geradewegs durch Stavoren.

Stavoren

Vorwahl: 0514

Touristinfo, Stationsweg 7, ✆ 682424, @ fkg515

26
Stavoren
Warnser vaart
Kamensathe
Weyde Blik
Boschwijk
Wite Burch
Landzicl
Bakhuizen
Riis
Witakkervaart
Skarl
Wielvaart
Eendenkooi
Marienhiem
Mirns
De Rode Schuur
Laaksum
De Braamberg
Sefonstervaart
Spits
Imr
7
6,5
3,6
5,5
25
27
04
05
06
15

27
Immermoed
N359
Kippenburg
Delburen
Sondel
De Kikkert
Landzicht
Schouw
Sminkevaart
Nij Amerika
45
Tacozijl
Sondelerleien
28
25
5,7
Nijemirdum
24
Heechhiern
16
26
Oudemirdum
22
23
Spitsbergen
Schoonzicht
De Molier
6
De Betonpletats

Lemmer

Stavoren ist die älteste der elf friesischen Städte. Während des 12. und 13. Jahrhunderts war die Hansestadt Stavoren wichtiger Umschlagshafen für den Getreidetransport von der Ostsee nach Holland. Die glorreichen Zeiten hielten jedoch nicht lange an, denn die Stadt ereilte ein ähnliches Schicksal wie viele andere Hafenstädte. Die am Hafen stehende Bronzestatue „Frau von Stavoren" erzählt hierzu eine Sage: Eine wohlhabende Reedersfrau gab einem ihrer Kapitäne den Auftrag, auszufahren und das Kostbarste der Welt zurück zu bringen. Als er zurückkam und ihr eine komplette Schiffsladung Getreide präsentierte, war sie dermaßen böse, dass sie den Kapitän beauftragte, das gesamte Getreide ins Meer zu leeren. Genau an dieser Stelle versandete kurz darauf der Hafen – als Strafe für ihren Hochmut.

Einige Kilometer nach Stavoren sehen Sie etwas für Friesland Außergewöhnliches: einige kleine, aber für Friesland sehr beachtliche Niveauunterschiede. Es handelt sich hier um Ausläufer dreier Sandrücken, die während der vorletzten Eiszeit durch Gletscher geformt worden waren. Die Sandrücken enden am Ufer des IJsselmeeres in drei keilförmigen Spitzen. Diese heißen (von West nach Ost) Roode Klif, Mirnster Klif und Oudemirdumer Klif – mit beachtlichen Höhen von 10, 2,5 und 6 Metern. Die Gletscherformationen geben Gaasterland seinen besonderen Charakter.

Dem IJsselmeerdamm bis **Mirns** folgen.

KP 06 bei Mirns führt die Straße ins Landesinnere, deshalb nun rechts abbiegen ~ **KP 15** im weiteren Verlauf wieder entlang des Dammes ~ **KP 16** landeinwärts nach Oudemirdum **KP 23**.

Oudemirdum

Vorwahl: 0514

VVV-Agentur Gaasterland, De Brink 4, ✆ 571777, @ kqd358

Von Oudemirdum nach Lemmer — *19 km*

Ein Stück weiter wieder Richtung Damm ~ danach der Linkskurve nach **Nijemirdum** folgen **KP 24** ~ weiter in wechselndem Abstand zur Küste **KP 45** ~ **KP 46** und danach vorbei am Woudagemaal nach Lemmer **KP 51**.

Lemmer

Vorwahl: 0514

VVV, Nieuwburen 1, ✆ 534550, @ mad651

Duikmuseum (Tauchermuseum), Kadijk 15, ✆ 560001, ✆ 06/51158443 © Tauchausrüstungen von den Schwammtau-

28
Banko
Groote Brekken
Langesloot
Rengersbrug
Esterga
Oosterzee
Echte
N924
Holstein
Hof fan Hollâ
Storm Kanaal
Prinses Margrietsluis
6,5
27
46
Lemmer
Otterwegvaart
Dijksloot
N359
49
66
6,5
Bantega
Tacozijl
Woudagemaal
51
50
Zeedijk
Kamper
Broekensloot
Koaiplaets
N712
Lemster vaart
De Vriend
29
LFZZ
Kouisloot
57
Vaart
A6
N712
67
37
2,6
Vlietenstein

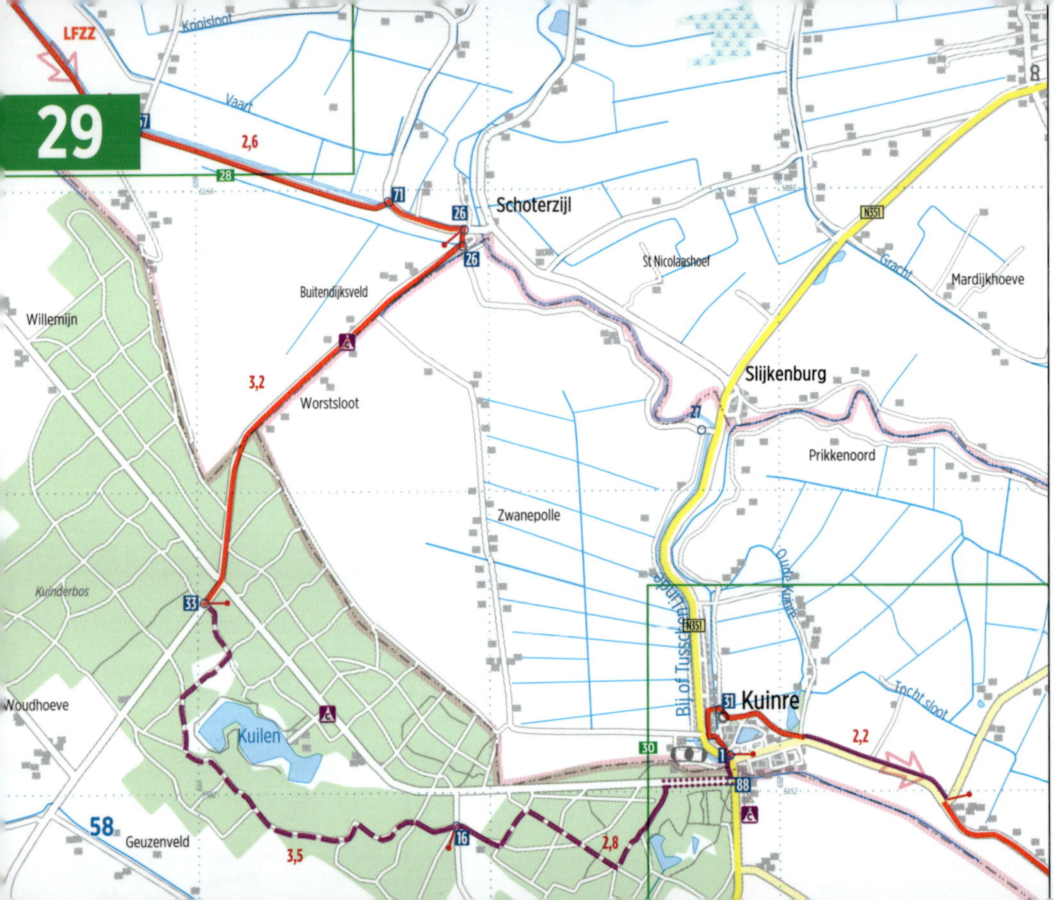

chern (v. Chr.) über die Taucherglocke bis in die Gegenwart. @ nxn114

Woudagemaal (Pumpwerk und Besucherzentrum), Gemaalweg 1a, ✆ 561814 Es ist das größte, noch in Betrieb befindliche, Dampfschöpfwerk der Welt. @ ucp368

Lemmer war früher ein großer Fischerort, der zu seinen besten Zeiten eine Flotte von 146 Fischerbooten besaß. Heutzutage kommen vor allem Ausflugsboote nach Lemmer. In Tacozijl, im Westen von Lemmer, steht das Ing. D. F. Woudaschöpfwerk, das größte dampfbetriebene Schöpfwerk, das weltweit je gebaut worden war. Zwischen 1920 und 1966 wurde der Wasserspiegel für den Großteil Frieslands von hier geregelt. Seit 1998 ist das Schöpfwerk als Weltkulturerbe seitens der UNESCO eingetragen.

Der Nordostpolder

Nachdem Sie Lemmer verlassen haben, fahren Sie vorläufig nicht mehr entlang der Zuidersee, da seit 1942 der Nordostpolder hier an den alten Zuiderseedamm grenzt. Der 35 km lange Bach namens „Die Linde“ mündete früher bei Kuinre in die Zuidersee, nun stößt er gegen den Nordostpolder. Das kleine Gewässer hat durch die Kanalisation in den Jahren 1922 und 1927 sowie durch die Vermoorung, die ungefähr 1850 einsetzte und bis zum Zweiten Weltkrieg andauerte, sein Aussehen stark verändert. Es entstand eine abwechslungsreiche Landschaft mit „Petgaten" (Moorquellen), Sumpfwald, Bebemoor, Blaugrasland und hier und da ein loses Stück Flussmäander (Flussschlinge). Dem vermeintlich ausgestorbenem Feuerfalter, der hier vereinzelt gefunden wird, versucht man hier einen Lebensraum zu schaffen. Die Naturlandschaft „Lindetal" wächst seit 1938 kontinuierlich und umfasst heute knapp 700 ha.

Von Lemmer nach Kuinre 18,6 km

KP 49 östlich von Lemmer entlang des **Dijkssloot** KP 66, KP 67 nach **Schoterzijl** KP 26 ~ über **Worstsloot** weiter zu KP 33 mitten im Kuinderbos ~ auf Forstwegen an eine Wegkreuzung KP 16 und weiter durch den Wald ~ bald erreichen Sie Kuinre KP 1.

Kuinre

Kuinderbos, im Westen Kuinres, Hopweg. Der Nordostpolder wurde in den 1940er Jahren gebaut. Das Land wurde vor allem landwirtschaftlich genutzt, es wurden jedoch auch hunderttausende Bäume gepflanzt. Der größte Wald im Nordostpolder

ist Kuinderbos, er bietet einiges zu entdecken, vor allem Schmetterlinge, Greifvögel und Raubtiere aber auch Pilze und seltene Pflanzen. Auch Islandpferde und walisische Ponys sorgen für den Erhalt des Waldes. @ mgu255

Von Kuinre nach Vollenhove **21 km**

Durch den Ort hindurch **KP 31**, an der Vorfahrtsstraße links ⤳ an der Kreuzung geradeaus Richtung Blankenham **KP 51**.

Blankenham

Nationalpark de Weerribben

Auf dem Gebiet des heutigen Nationalparks wurde zwischen 1750 und 1920 Torf abgebaut. Dieser diente als Brennstoff für Haushalte und Industrie. Durch den Torfabbau entstand ein Schutzgebiet von „weren" (Wasseransammlungen bedingt durch den Rückgang des Torfs) und „ribben" (lang gezogene Inseln, worauf der Torf zum Trocknen aufgelegt wird). Ohne Schutzmaßnahmen würde sich das Gebiet in einen großen Sumpfwald verwandeln, durch die Kultivierung des Landes bleiben Wasser, Schilf und blumenreiche Grasflächen aber erhalten. Mit Hilfe von Mühlen wird das Land bewässert. Eine besondere Attraktion sind die so genannten „Tjaskers" – kleine Holzmühlen, die je nach Bedarf aufgestellt werden können. Das Schilf wird noch heute zu Dachbedeckungen verarbeitet, womit einige hier wohnhafte Menschen ihren Lebensunterhalt bestreiten können.

An der Dammstraße entlang erreichen Sie Baarlo **KP 41**.

Baarlo

KP 41 weiter über den Damm ⤳ unmittelbar nach dem Kreisverkehr nach Bokzijl **KP 43**.

Blokzijl

Vorwahl: 0527

VVV-Touristinfo, Brouwerstraat 2, ✆ 06/39587000, @ qrm331

Het Gildenhuys, Kerkstr. 7, ✆ 291381 Heimatmuseum zum Thema Gilden, zum Thema Wasser und wechselnde Ausstellungen. @ sgh214

Zwembad, Duinweg 1a, ✆ 294584

Blokzijl ist ein Festungstädtchen, das zu Beginn des 16. Jahrhunderts von holländischen Kaufleuten erbaut wurde. Ihnen verdankt der Ort die zahlreichen, typisch holländischen Giebel, die noch heute im Bereich des Hafens, in der Brouwerstraat sowie in der Kerkstraat zu finden sind. Vom Hafen in Blokzijl wurden bis etwa 1672 Millionen Kilo Torf in das brandstoffhungrige Holland transportiert. Nach dem Versanden des Hafens übernahm Zwartsluis diese Aufgabe.

Dem Damm Richtung Vollenhove folgen.

AUSFLUG

Beim **KP 74** lohnt sich ein Ausflug nach Sint Jansklooster.

Sint Jansklooster

Vorwahl: 0527

De Monnikenmolen, Molenstraat 1, ✆ 246676, ✆ 246215 Der Grundstein, der sich heute noch in Betrieb befindlichen Mühle, wurde 1857 gelegt. @ ofu514

Watertoren (Wasserturm), Barsbeek 4, ✆ 205660 Eine spektakuläre Treppe führt Sie auf den 45 m hohen Wasserturm, von wo Sie einen herrlichen Panoramablick genießen. @ iwx133

Bezoekerscentrum De Wieden, Beulakerpad 1, ✆ 205660. Hier erhalten Sie umfangreiche Information über die Naturlandschaft De Wieden. Bei einer kurzen Wanderung oder einer Schiffsrundfahrt können Sie die verschiedenen Landschaftsbilder dieser Region kennen lernen. @ qhh633

Die Naturlandschaft De Wieden grenzt an die Weerribben, gemeinsam haben sie eine Gesamtfläche von ca. 9.000 Hektar. Sie bilden somit das größte zusammenhängende Flachmoor Westeuropas. In De Wieden wurde bereits im 16. Jahrhundert Torf abgebaut, da es aber keine festgeschriebenen Regeln gab, wurde das Land dermaßen ausgebeutet, dass die wenigen Reste, die zurückblieben, von den immer größer werdenden Wassermassen weggespült wurden. So entstanden ausgedehnte „plassen“ oder „wieden“ (kleine Wasseransammlungen auf morastigem Untergrund). Die Beulakerwijde ist benannt nach dem Dörfchen Beulake, welches 1776 unter dem Wasser begraben wurde.

KP 73 Auf dem Radweg wird die Vorfahrtsstraße überquert und danach können Sie Vollenhove besuchen.

Vollenhove

Vorwahl: 0527

- **Tourist Info**, Kerkstr. 88, ✆ 244900, @ fre366
- **Lanz-Bulldog Museum**, Noordwal 3, ✆ 241378 Sammlung historischer Traktoren mit Glühkopfmotor von Lanz Bulldog. @ kue674
- **Stadsmuseum**, Bisschopsstr. 36, ✆ 244413 Zehn Jahrhunderte Geschichte werden im Museum präsentiert, vor allem die Zeit der Bischöfe von Utrecht, dann die Ära des Vollenhover Adels und ganz wichtig die Blütezeit der Zuiderzee-Fischerei. @ owa221
- **Schloss Toutenburgh**, Laan van Toutenburgh 1. Das Schloss wurde um 1500 für Georg Schenck van Toutenburgh erbaut. Bewohnt wurde die Wasserburg bis ins 18. Jh., danach dem Verfall preisgegeben. @ chu244
- **Zwembad**, Flevoweg 3, ✆ 241438, @ obg583

Von Vollenhove nach Schokland — *29,9 km*

Hinter Vollenhove folgen Sie dem Radweg am Damm und erreichen bald die Kadoelerbrug **KP 80** ~ nach der Brücke links **KP 34**, weiterhin am Damm ~ Sie fahren nach Westen über **KP 10** nach Kraggenburg.

Kraggenburg

Bei **KP 03** verlassen Sie den Kreisverkehr und folgen der Route durch den Forst ~ vorbei am Recreatiepark De Voorst und im Rundbogen zurück an die N719 ~ **KP 64** links einbiegen am Fluss Enservaart entlang ~ **KP 81** rechts, Drietorensweg und bald links Sloefweg ~ über die Nationalstraße und dann links **KP 20** zur ehemaligen Insel Schokland **KP 87**.

Schokland

Museum Schokland, Middelbuurt 3, ✆ 0527/760630 Die ehemalige Insel Schokland befindet sich nun im Nordostpolder des früheren IJsselmeeres. Schokland wurde zum UNESCO-Weltkulturerbe ernannt, es umfasst ca. 1.300 ha. Das Museum beschäftigt sich mit dem Weltkulturerbe, mit Kunst und mit Dichtung. @ xvw848

Besucherzentrum De Gesteentetuin, Keileemweg 1, ✆ 0320/286130. Hier erfahren Sie alles über die Umgebung Schoklands und begeben sich im Steingarten auf eine Zeitreise, die in der Eiszeit beginnt. @ qbb222

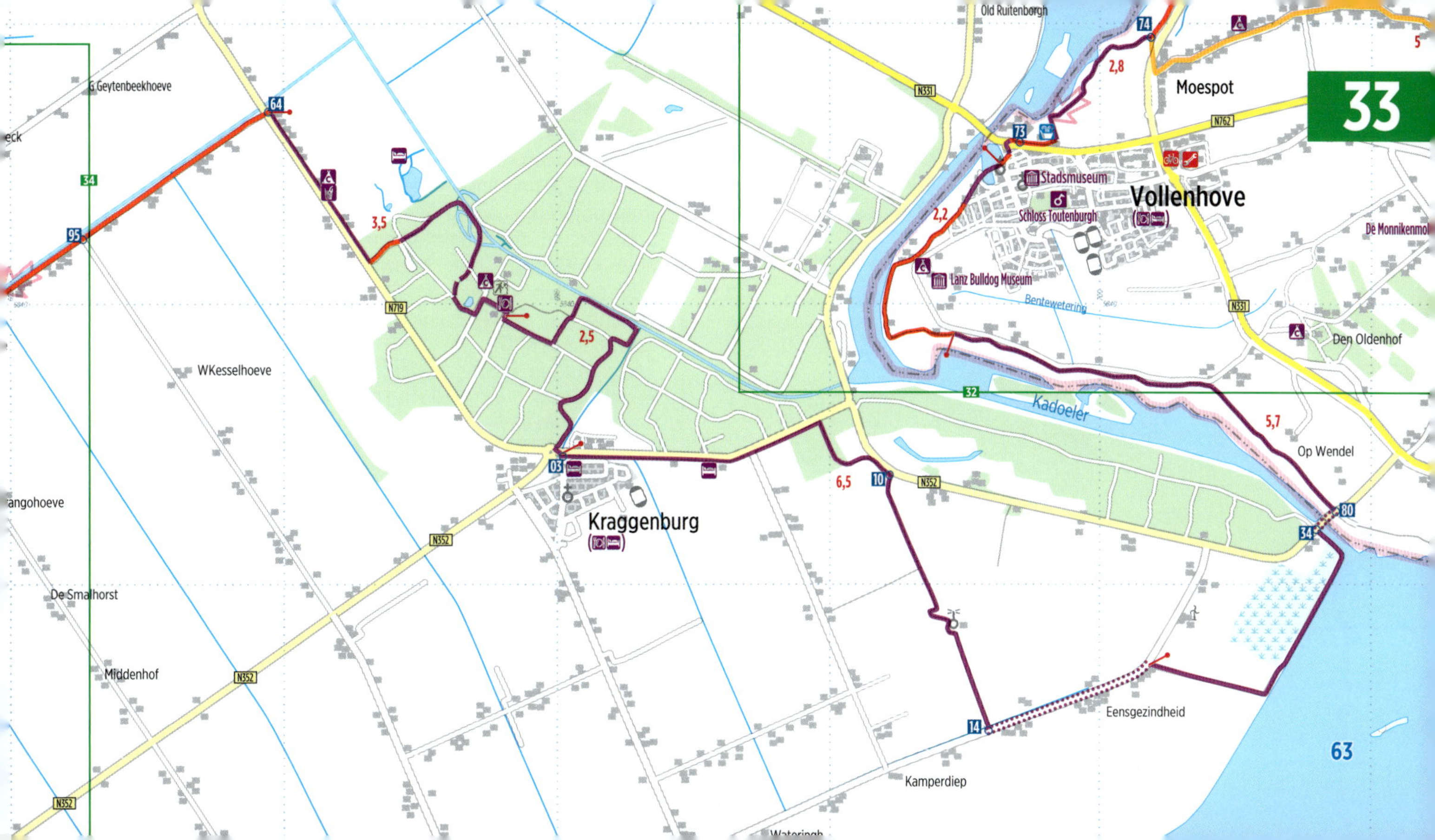
33
Old Ruitenborgh
Moespot
Vollenhove
Stadsmuseum
Schloss Toutenburgh
Lanz Bulldog Museum
Bentewetering
De Monnikenmol
Den Oldenhof
Op Wendel
Kadoeler
Kraggenburg
G Geytenbeekhoeve
WKesselhoeve
De Smalhorst
Middenhof
Eensgezindheid
Kamperdiep
N331
N762
N719
N352
64
95
34
32
73
74
03
10
80
14
63
2,8
2,2
3,5
2,5
6,5
5,7

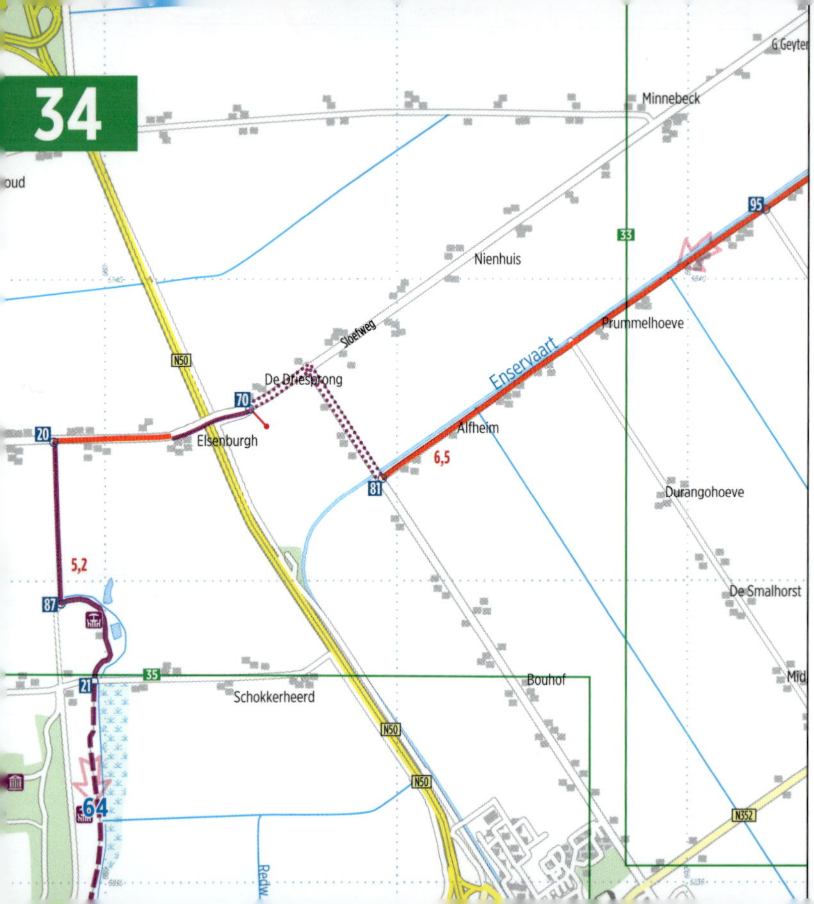

Von Schokland nach Kampen 30 km

Am südlichen Ende der ehemaligen Insel **KP 47** gelangen Sie an den Palenweg, links auf den Damm **KP 85** und links über die Ramspolbrug am **KP 35** vorbei und links an den Höfen entlang über **KP 34, 16, 14** am **Nesweg** links auf den Radweg am Fluss entlang an der N765 links nach Ijsselmuiden **KP 13**.

IJsselmuiden

Sonnenberch, Oosterholtseweg 18b, 038/3317804, @ wew485

KP 41 die Brücke queren und links weiter durch Kampen an der **IJsselkade** weiterfahren.

Kampen

Vorwahl: 038

Tourist-Info de Stadskazerne, Oudestraat 216, 2022366, 06/48196559, @ akf448

Ikonenmuseum, Buiten Nieuwstraat 2, 3858483 Das Ikonenmuseum im historischen Kloster der Minderbrüder symbolisiert eine Quelle der Macht und der Inspiration. @ aoj841

Koornmarktspoort, IJsselkade 1, 3317361 Im ältesten Stadttor (14. Jh.) finden wechselnde Kunstausstellungen statt. @ men528

Kampen

Miniaturenboerderij, Nesweg 4, ✆ 3388209 Über 160 Miniaturmodelle von Kampen. @ odc734

Museumboerderij Erf 29, Heultjesweg 31, Kampereiland, ✆ 3388122 Auf dem Museumsbauernhof erhalten Sie einen Einblick, wie das Leben und die Arbeit auf dem Bauernhof auf Kampereiland vor rund hundert Jahren aussah. @ kbi824

Speelgoedkabinet (Spielzeugkabinett), Bovennieuwstraat 65, ✆ 3322895 Das Stadthaus von 1880 beherbergt eine nostalgische Spielzeugsammlung von 1945 bis heute. @ bgo284

Stedelijk Museum, Oudestraat 133, ✆ 3317361 Das Stedelijk Museum Kampen hat vier Hauptthemen: Wasser, Religion, Gerechtigkeit und das Haus Oranien. @ gjc223

Koggewerf, Havenweg 7, ✆ 3310515. Während des 13. und 14. Jhs. war Kampen mit Abstand die einflussreichste Handelsstadt der Niederlande. Die IJssel bot eine Verbindung nach Deutschland und über die Zuidersee konnte auch mit den Hansestädten an der Ostsee Handel betrieben werden. Kampen selbst schloss sich 1441 dem Hansebund an. Durch das Versanden der IJsselmündung im 16. Jh. verlor Kampen jedoch seine Schlüsselfunktion an Amsterdam. @ nfl277

36
Luchtwachttoren
N50
35
5,5
N50
35
5,5
Essnhof
34
16
6
14
Welle Weide
37
Kampereiland
N760
Grafhorst
Nesweg
N765
De Plas
66

Kampen

Die ersten Polder, die hier angelegt wurden, grenzen direkt an das alte Festland, wohingegen die neueren Polder des IJsselmeeres, die südliches und östliches Flevoland, durch Binnenseen abgegrenzt sind. Diese sorgen dafür, dass die Wasserhaushalte des alten und neuen Festlandes voneinander getrennt sind. Dies ist vor allem bei großen Unterschieden in der Seehöhe von Bedeutung.

Der langgestreckte Kern der Altstadt liegt zwischen der IJssel und der Stadtgracht de Burgel. Er ist umgeben von einer Stadtmauer aus dem 15. Jahrhundert, von der heute nur noch drei der ehemals 24 Stadttore übrig sind. In Kampen finden Sie rund 500 Denkmäler; in den 1990er Jahren kam noch ein neues aus der Hanse-Periode hinzu: die Nachbildung eines Koggenschiffes aus dem 15. Jahrhundert. An der Koggenwerft werden heute unter anderem historische Schiffe restauriert, außerdem gibt es einen kleinen, aber sehenswerten Ausstellungsraum.

Von Kampen nach Amsterdam

120,8 km

HM/km: ↗ 0,2 (22m) ↘ 0,2 (26m) **Radweg:** 53 % **Unbefestigt:** 4 % **Verkehr:** 1 %

Die Strecke von Kampen nach Amsterdam verläuft großteils auf Deichwegen und -straßen. Sie lernen die malerischen Städte Elburg, Harderwijk und Spakenburg kennen, die viele Sehenswürdigkeiten für Sie bereit halten. Sie durchfahren den Nationalpark De Weeribben, wo das berühmteste und teuerste Reet geschnitten wird. Das Ende der Tour verläuft ausschließlich in verbautem Gebiet, die Großstadt Amsterdam nähert sich merklich. Entlang des Amsterdam-Rijn-Kanals erreichen Sie die Metropole und haben somit die IJsselmeer-Rundfahrt geschafft.

Von Kampen nach Elburg *18,5 km*

Sie verlassen Kampen Richtung Cellesbroeksweg ~ überqueren die N50 und halten sich links **KP 68** ~ über die Brücke des Hochwasserabflusses Reevediep **KP 69** und danach rechts auf den Radweg ~ weiter nach Noordeinde.

Noordeinde (Oldebroek)

Kanuverleih Van de Streek, Buitendijks, ✆ 06/41179077, @ uld685

Die ersten Polder, die hier angelegt wurden, grenzen direkt an das alte Festland, wohingegen die neueren Polder des IJsselmeeres, südliches und östliches Flevoland, durch Binnenseen abgegrenzt sind. Diese sorgen dafür, dass die Wasserhaushalte des alten und neuen Festlandes voneinander getrennt sind. Dies ist vor allem bei großen Unterschieden in der Seehöhe von Bedeutung.

Entlang des Dammes nach Elburg.

Elburg

Vorwahl: 0525

VVV Elburg, Jufferenstrat 8, ✆ 681341, @ kuc811

Botterstichting, Havenkade 39, ✆ 655857 Hier erfahren Sie alles über die alten Fischerei- und Restaurationstechniken. @ ynr861

Museum Elburg, Jufferenstraat 8, ✆ 681341 Sechs Themen-

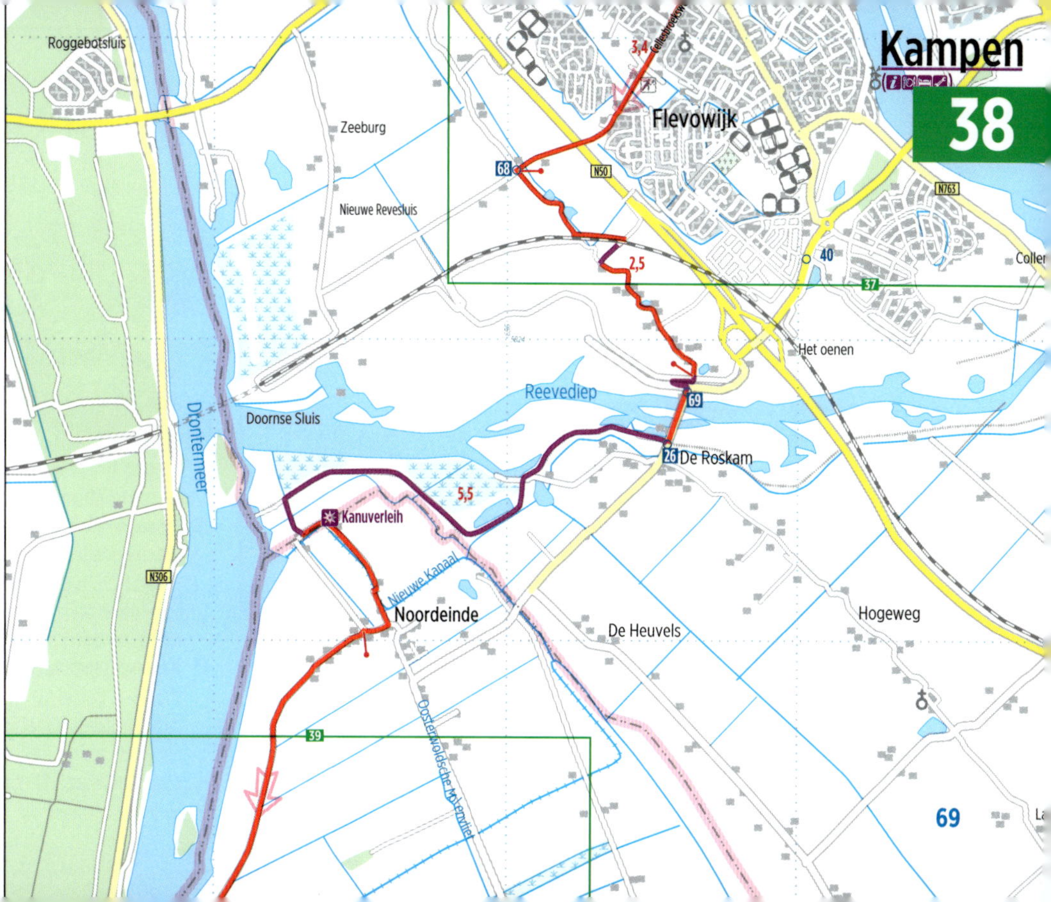

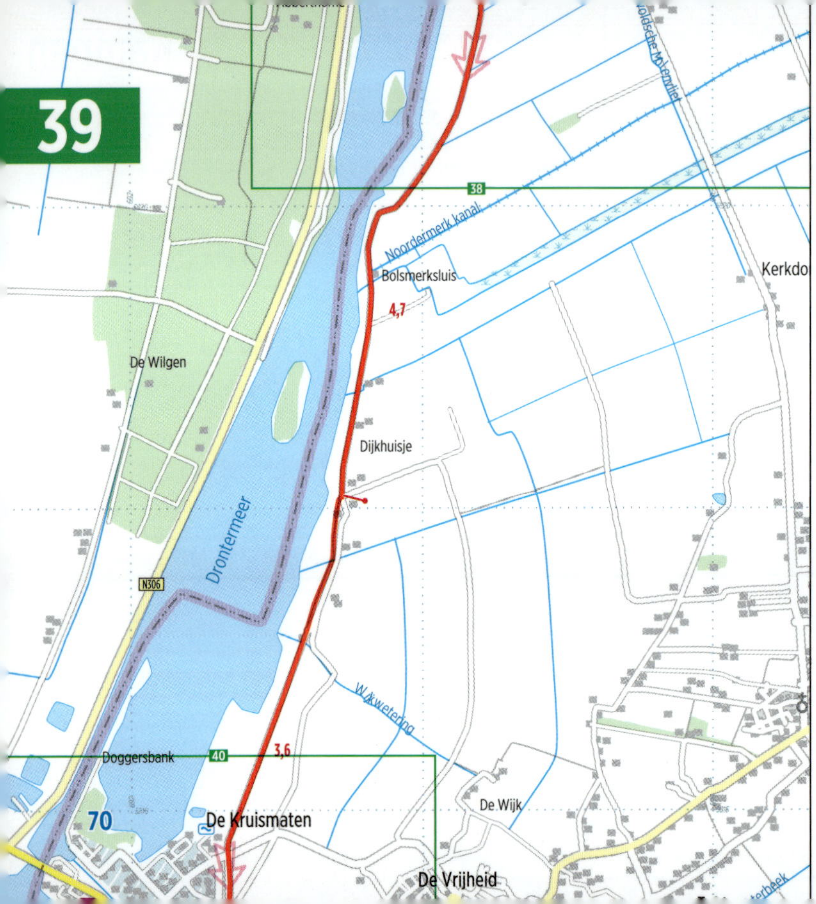

Elburg

bereiche führen durch die Geschichte der Hansestadt Elburg. @ iqw662

🏛 **Museumsmederij „De Hoefhamer" (Museumsschmiede)**, Smedestraat 22, ✆ 06/54373314 Die alte funktionstüchtige Schmiede und eine Ausstellung dokumentieren das Handwerk des Schmieds. @ ooh752

🏛 **Nationaal Orgelmuseum**, Van Kinsbergenstraat 5, ✆ 684220 Das Nationaal Orgelmuseum ist das einzige Museum, das sich mit der Geschichte der Pfeifenorgel in den Niederlanden befasst. Die einzigartige Sammlung dokumentiert die Entwicklung vom Mittelalter bis zur Gegenwart. @ udb385

🏛 **Zandverhalen**, J.P. Broekhovenstraat 9-11, ✆ 745970 Mit rund 4.000 m³ Sand, Dutzenden von Schleusentoren, 1.000 Jahre alten Olivenbäumen, Fischerbooten und Skulpturen entstehen die Geschichten unserer Kultur der Bibeln und Fischerboote. @ dcl728

Elburg bekam seine Stadtrechte 1233 verliehen, 132 Jahre später, im Jahr 1365, wurde die Stadt in den Hansebund aufgenommen. Aufgrund seiner direkten Lage am Wasser und der Ausdehnung des

Meeres kam es zu zwei schweren Überschwemmungen in den Jahren 1362 und 1367. Nach diesen beiden Katastrophen beschloss man, die Stadt an einen höher gelegenen Ort umzusiedeln. Elburg wurde nun sternförmig angelegt – dies ist noch heute im Zentrum erkennbar. Die Laterne am Fischhafen diente den Seefahrern früher als Bake. Außerhalb der Stadtmauern befindet sich der Hafen, in dem viele Fischerboote (im holländischen als Botter bezeichnet) und historische Schiffe vor Anker liegen.

Von Elburg nach Harderwijk 22 km

Elburg durchqueren weiter Richtung **KP 02**, in der Folge die Knotenpunkte 01, 32, 61, 31, 82 usw. Über **Hierden** zum **KP 43**.

Hierden

Hier kommen Sie zum Veluwe, dem relativ hoch gelegenen und größten Waldgebiet der Niederlande, welches dicht an der Zuidersee liegt. Die Bäume sehen

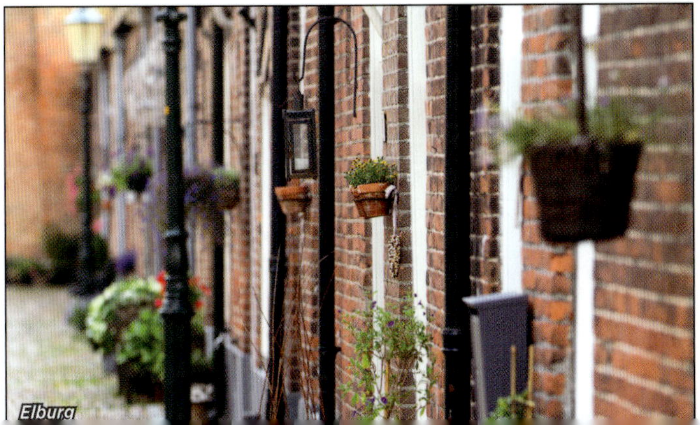

Elburg

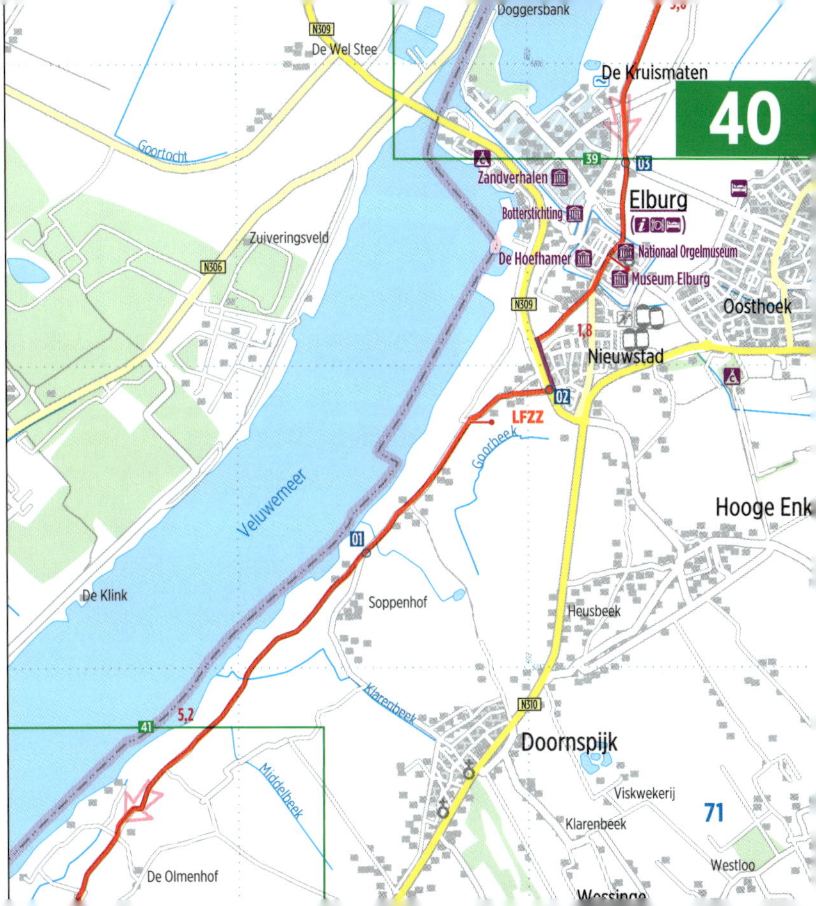

Sie aber lediglich in der Ferne. Vom höher gelegenen Waldgebiet fällt die Landschaft gleichmäßig zur ehemaligen Zuidersee ab, welche hier Veluwemeer genannt wird. Diese Übergangslandschaft entlang des Küstenbereiches ist absolut einmalig. Einzigartig sind auch die niedrig gelegenen Dünen entlang der Zuidersee, die ein Anlegen eines Dammes nicht mehr notwendig machten.

Über **KP 11** ins Zentrum von Harderwijk, wo sich **KP 10** befindet.

Harderwijk

Vorwahl: 0341

- **Heerlijk Haderwijk**, Markt 1, ✆ 06/ 10006180, @ mkk856
- **Foundation City Museum Harderwijk**, Donkerstraat 4, ✆ 414468. Ausstellungen zur Stadtgeschichte und moderner und zeitgenössischer Kunst. @ iwy534
- **Marius van Dokkum Museum**, Academiestraat 7, ✆ 414468. Das Museum widmet sich der Arbeit udes noch lebenden Künstlers Marius van Dokkum. @ vvv754
- **Palingmuseum (Aalmuseum)**, Stephensonstraat 2, ✆ 423723 Präsentation von der Lebensweise über die Fangmethoden bis zur Verarbeitung des Aals. @ jrf354
- **Dolfinarium**, Zuiderzeeboulevard 22, ✆ 467467. Der Delfin steht im Mittelpunkt dieses Unterhaltungsparks – den ganze Tag über finden zahlreiche Shows und Attraktionen statt. Neben Delfinen

sehen Sie hier auch Braunfische (Schweinswale) und Walrosse. Außerdem befinden sich hier u. a. ein Spielplatz sowie ein Kino. @ obg482

Von Ende des 13. bis zum Beginn des 17. Jahrhunderts war Harderwijk eine ziemlich wichtige Hansestadt. In den Jahren zwischen 1647 und 1811 besaß Harderwijk sogar eine eigene kleine Universität – hier haben der Mediziner Boerhave und der Botaniker Linnaeus promoviert. Von der alten Stadtmauer können Sie die Fischpforte besichtigen, durch die noch heute die Fische zum Fischmarkt getragen werden.

Ausgehend vom Zentrum Harderwijk weiter entlang des Wassers außerhalb der Stadt verläuft der Radweg zwischen der Schnellstraße und dem See Nuldernauw 20 km am Wasser entlang Richtung Spakenburg.

Bevor Sie zur Brücke auf Höhe von Nijkerk kommen, passieren Sie das Putter-Schöpfwerk und westlich der Brücke das Schöpfwerk Herzog Reijnout. Mit Hilfe dieser beiden Schöpfwerke konnten die Polder, die hier hinter dem Damm liegen in den Jahren 1971 und 1983 trocken gehalten werden. In der Folge wurden sie von elektrischen Werken abgelöst. Die beiden Dampfschöpfwerke werden heute für

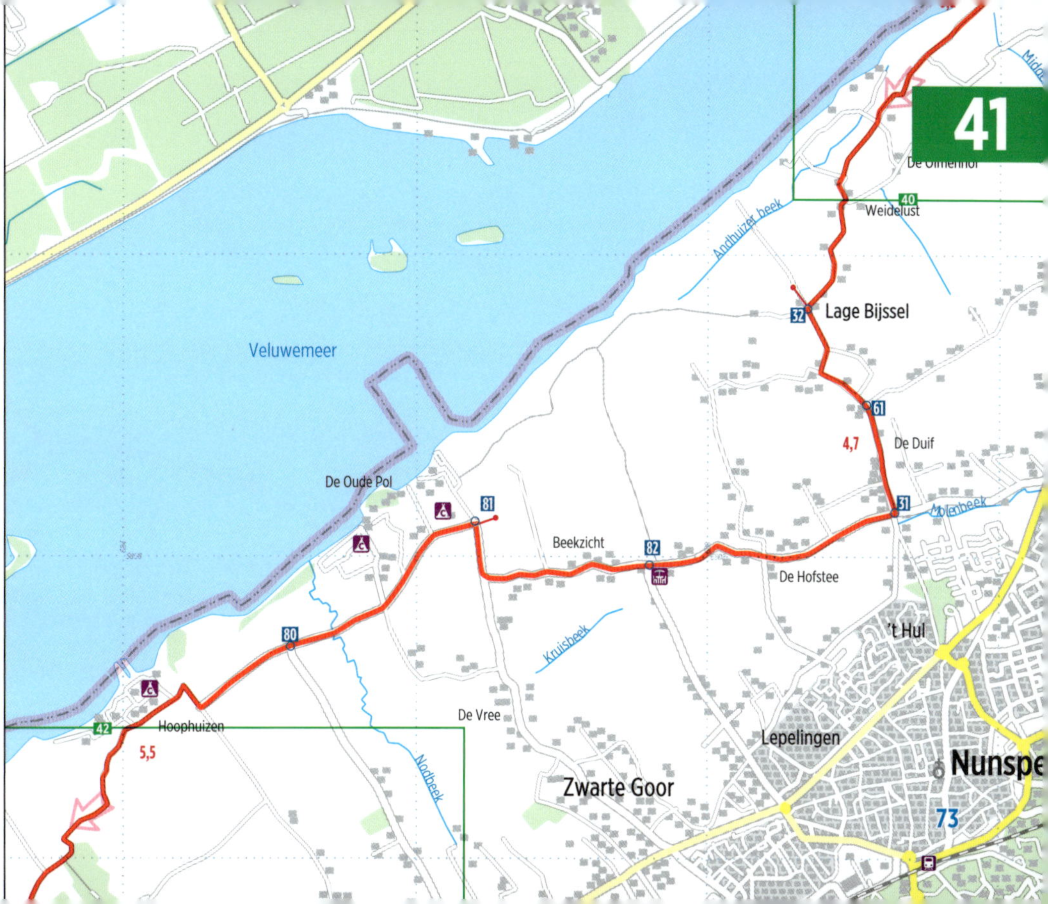

42
Harderwold
Hoge Dwarsvaart
N306
Veluwemeer
Gemaal Lovink
Hoophuizen
5,5
41
Hierdensche Beek
Groene
Hulshorst
18
43
Hierden
De Essenburgh
Mularts
Lorentz
N302
Palingmuseum
Dolfinarium
11
10
3,8
De Pot
55
De Beyaerd
2,2
82
Marius van Dokkum
Foundation City Museum
Frankrijk
Duinen
A28
Randmeer
Hoofdweg
Houtsnip
2,5
Stadsdennen
Witte Zand
43
Harderwijk
74
Slingerbos
09
A28

touristische Zwecke von Freiwilligen in Stand gehalten. Im ehemaligen Kohlenspeicher des Schöpfwerkes Herzog Reijnout wurde ein Besucherzentrum untergebracht.

Von Harderwijk nach Bunschoten-Spakenburg 24 km

Nach den Knotenpunkten KP 09, KP 07 rechts über die Fähre nach Zeewolde KP 45.

Zeewolde

Vorwahl: 036

Gemeentehuis, Radhuispl. 1, ✆ 5229522, @ onn385

Am Strand des Sees Wolderwijd entlang ins Zentrum durch die Stadt auf dem Radweg **Weteringpad** KP 42 links und durch das Waldgebiet des Polders über die Knotenpunkte 44, 43, 78 und 64 über die Brücke bei **Nijkerk**. Am Damm entlang vorbei am **Besucherzentrum Herzog Reijnout** und weiter nach Bunschoten-Spakenburg KP 50.

Bunschoten-Spakenburg

Vorwahl: 033

VVV-Touristinfo, Oude Schans 90, ✆ 2982156, @ nyp176

Eemdijk-Eemnes, Oude Schans 90, ✆ 06/51701018. über die Eem, Fährzeiten: März, Okt., Mo-Sa 7-9.30 Uhr, 13-18 Uhr; April, Sept., Mo-Sa 6.30-20 Uhr, Mai-Aug., Mo-Sa 6.30-21 Uhr, Nov.-Feb., Mo-Sa 10.30-12 Uhr, So keine Fahrten. @ vem244

44

De Grien
N301
N705
NijPophernt
N704
Wielse Tocht
45
43
Pereboom
A28
Krakenburg
Putten
3,2
t Oever
Vanenburg
78
66
64
67
52
38
Nuldernauw
Putter Stoomgemaal
Polderlust
Putter-Schöpfwerk
Qud-Arler
Grote Hoef
Schuiten beek
VensterHuis
Nijkerk
A beek
Oldenaller
N798
Withaag
Aller
Gr Diermen
76
5,2
Besucherzentrum Herzog Reijnout

45
Eemmeer
Berkenwolde
Westerland
LFZZ
5,2
4,2
46
Eemmeer
De Eemhof
Zuidwenk
03
Eemdijk
11
Eem
Eemzoom
Veelust
3,2
Bikkers vaart
LF9, LFZZ
2,2
44
50
51
25
Kleidertracht-Museum
Geahoeve
Nekkeveld
Bunschoten-Spakenburg
5,2
3,8
Ikelserf
Nieuwe Wetering
12
Bloklands wetering
Rikvissers wetering
Blokhuis wetering
Rengers wetering
Bontepoort
Laak
Wiel
De Kronkels
Haarbrug
N806
77
Zuid ter Velde
Eembrugge
N414
Achter Duijst
20
19
08
De Haar

Marina in Huizen

Kleidertracht- und Fischereimuseum, Kerkstraat 20, ✆ 2984634. Dieses Museum zeigt die traditionelle Kleidung sowie die Kultur von Bunschoten-Spakenburg. Ungefähr 120 Puppen präsentieren die Tracht, die früher zu den verschiedensten Anlässen getragen wurde. Außerdem gibt es Modelle von Fischerbooten zu sehen. Als besondere Attraktion können Sie sich in traditioneller Kleidung fotografieren lassen. @ tig538

In Bunschoten und Spakenburg haben Sie mitunter die Gelegenheit, Einwohner in traditioneller Tracht auf der Straße anzutreffen. In diesen kleinen Dörfen, die bereits aneinander gewachsen sind, herrscht der orthodoxe Glaube vor.

Spakenburg hatte im Jahr 1900 eine riesige Flotte von 200 Fischerbooten und es gab mehrere Werften, die für den Bau und die Reparatur von den Schiffen verantwortlich waren. Die Schiffswerft Nieuwboer, deren Bestehen bis 1829 zurück reicht, ist noch voll im Betrieb. Durch die Anlage des Flevopolders wurde Spakenburg von der Zuidersee abgeschlossen, worunter vor allem die Fischerei zu leiden hatte. Viele Fischer mussten sich auf den Süßseefischfang umorientieren, um ihren Lebensunterhalt zu sichern. Der alte Hafen wurde zu einem Museumshafen umgestaltet, hier können Sie in Betrieb stehende sowie antike Fischerboote besichtigen und sich vom Geruch der Aalräuchereien verführen lassen.

Von Bunschoten-Spakenburg nach Huizen 16 km

Spakenburg verlassen und der Route nach Eemdijk folgen KP 11 mit der Fähre die Eem übersetzen.

Eemdijk

Eemdijk-Eemnes, über die Eem, Fährzeiten: März, Okt., Mo-Sa 7-9.30 Uhr, 13-18 Uhr; April, Sept., Mo-Sa 6.30-20 Uhr, Mai-Aug., Mo-Sa 6.30-21 Uhr, Nov.-Feb., Mo-Sa 10.30-12 Uhr, So keine Fahrten.

TIPP **Sollte die Fähre nicht in Betrieb sein, den Weg nach Eembrugge fortsetzen und hier die Eem queren. Diese alternative Strecke endet nach der Selbstbedienungsfähre (ganzjährig verfügbar) über die Eemnesser Vaart.**

Die Strecke verläuft weiter durch den Eempolder KP 25 unter der A 27 hindurch KP 02, KP 01 durch das neue Wohngebiet Huizen

Richtung Küste, die hier Gooimeer heißt KP 75, 76, KP 77.

Huizen

Vorwahl: 035

VVV Huizen, Achterbaan 82, Postadres: Postbus 5, 1270 AA Huizen, ✆ 5250223, ✆ 5446971. im Häusermuseum, @ eba577

HuizerMuseum Het Schoutenhuis, Achterbaan 82, ✆ 5250223. (Das Deichgrafenhaus) Die Ausstellungen geben Einblick in die Kulturgeschichte des Ortes, zeigen Kleidertrachten, Einrichtungs- sowie div. Kunstgegenstände. @ bff545

In Huizen wurde die Fischerei erst im 19. Jahrhundert zur wichtigsten Einkommensquelle, vor allem nach 1854, als der Hafen in Betrieb genommen wurde. Die Fischerflotte bestand aus rund 190 Kuttern. Rund um den Hafen gab es Fischräuchereien, Schiffswerften und Korbflechter. Durch den Rückgang der Fänge und den Abschluss der Zuidersee ist in der ersten Hälfte des 20. Jahrhunderts der Fischfang beinahe zur Gänze zum Erliegen gekommen. Am Hafen steht noch ein ehemaliger Kalkoven, wo Muscheln zu Kalkmörtel verarbeitet wurden.

Von Huizen nach Muiden 22 km

Nachdem Sie Huizen hinter sich gelassen haben, ein Stück entlang der Küste fahren ~ der Weg nimmt im weiteren Verlauf Abstand zur Küste und führt durch einen Wald.

Sie radeln hier auf den Ausläufern der Moräne, auf der die Naturlandschaft „Het Gooi" liegt. Der höchste Punkt befindet sich hier vier Meter über dem NAP (Normaal Amsterdams Peil = Normpegel von Amsterdam, der für Höhenangaben in den Niederlanden als Referenz genommen wird). Sie finden ein ausgebreitetes Waldgebiet mit schönen Landhäusern, aufgelockert durch niedrig gelegenes Weideland. Aus diesen Bereichen wurde früher Sand ab-

transportiert und für den Ausbau von Amsterdam verwendet.

KP 78 und danach die A 1 unterqueren und durch die Festung Naarden.

Naarden

Vorwahl: 035

- **VVV Tourist-Info**, Ruysdaaeplein 6, Utrechtse Poort, 6942673, 5446971, @ wuj851
- **Niederländisches Festungsmuseum**, Westwalstraat 6, 6945459 Hier bekommen Sie umfangreiche Informationen über die, aus dem 17. Jh. stammende, Festung Naarden. @ kbo854
- **Naardermeer**, Meerkade 2, 6990000. Infos zu Ausflügen ins Naturschutzgebiet. Der Zutritt ohne Förster ist nicht erlaubt. @ dpc382
- **Spielpark Oud Valkeveen**, Oud Huizerweg 2, 6944223. Dieser Spielpark, der mitten in der Natur liegt, bietet Kindern die Gelegenheit zu schaukeln, rutschen, springen, fliegen, klettern, schwimmen und zu rudern. @ tgf618

Muiderslot

Das heutige Naarden wurde 1350 an einem strategisch wichtigen Punkt am äußersten Ende des Gooi erbaut. Der Ort lag unweigerlich auf der einzig begehbaren Route zwischen Holland und dem Osten, deshalb war Naarden häufig ein Kampfschauplatz. Mit den Erfahrungen, die aus den Kämpfen gewonnen wurden, konnte die Sicherheit der Festung stets verbessert werden. Die heutige Festung mit dem doppelten Graben und dem Sicherungswall stammt aus dem Jahr 1685. Das gesamte Gebiet war bis 1926 den militärischen Belangen untergeordnet. Die Festung ist in den Jahren darauf völlig verwahrlost, erst 1964 wurde mit dem Wiederaufbau und der Renovierung begonnen.

Nahe der Küste führt die Route weiter Richtung Muiderberg ~ zwei Autobahnunterführungen passieren **KP 18**, **KP 17** .

Muiderberg

- **De Onrust**, Boezemkade 1. Die Windmühle aus dem Jahr 1809 sollte dabei mithelfen, das Naardermeer trockenzulegen.
- **Jüdischer Friedhof**, Googweg 10. Der Friedhof der deutsch-jüdischen und später auch polnisch-jüdischen Gemeinde wurde 1693 gegründet. Das älteste, noch existierende Grab stammt aus dem Jahr 1665. Trotz seines Alters wird der Friedhof immer noch genutzt. @ rhd653

47
De Velden
De Wierden
Muiderberg
Jüdischer Friedhof
Nienhuis
Gooimeer
2,6
Naarderboos
A6
A1
Spielpark Oud Valkeveen
3,6
Valkeveen
Fort Ronduit
Comenius Museum
3,2
Festungsmuseum
Naarden
Naardermeer
Stadszicht
Naardermeer
Voorm Forten
Graf Wilhelm de Oudelaan
Bikbergen
7
Plaveen
Oude Drop
Het Schoutenhuis
Zuider Eng
De Kuil
81

Weiter entlang des Dammes ⤳ der Biegung nach Muiden folgen **KP 16**.

Muiden

Vorwahl: 0294

Muiden-Pampus, Vestingpl. 1, Fährzeiten: April Do-Fr 12.30 u. 13.30 Uhr, Sa, So 10.30-13.30 stdl.; Mai-Nov. Di-So 10.30-14.30 Uhr stdl. @ tvt311

Forteiland Pampus Die im 19. Jh. angelegte Insel Forteiland Pampus ist Teil der Stellung von Amsterdam. Den Touristen wird vor Ort eine interessante Führung geboten. @ mou721

Rijksmuseum Muiderslot, Herengracht 1, ✆ 256262. Das Museum war ursprünglich ein Schloss, das 1280 an der Mündung der Vecht erbaut wurde. Sein heutiges Aussehen und die Einrichtung verdankt das weltberühmte Bauwerk dem Schriftsteller P. C. Hooft, der im 17. Jh. darin wohnte. @ pan366

Muiden erlangte seinen Wohlstand durch den Schiffsbau und die Schifffahrt zwischen Amsterdam und dem Rhein, die bis ins 19. Jahrhundert über den Fluss Vecht verlief. Sehenswert sind die Verteidigungseinrichtungen, die im 15. Jahrhundert gebaut wurden. Zudem besitzt Muiden eine Seeschleuse, die 1673 nahe der Mündung der Vecht errichtet wurde und in seiner Form sehr charakteristisch ist.

Von Muiden nach Amsterdam 12 km

Nachdem Sie Muiden verlassen haben, fahren Sie ein kurzes Stück entlang der A 1 ⤳ nahe der Elektrizitätszentrale rechts abbiegen **KP 15** und dem Radweg über den **Diemerseedamm** folgen ⤳ im weiteren Verlauf entlang des **Amsterdam-Rheinkanals** ⤳ auf einer langen Fahrradbrücke den Kanal queren ⤳ auf dieser Seite entlang des Kanals **KP 55**, **KP 54** zurück zum Ausgangspunkt dieser Route **KP 52**.

Der Diemerpark

Der Diemerseedamm verläuft entlang des Diemerparks, einem neuen Park, der auf einer ehemaligen Müllkippe angelegt wurde. Hier wurden früher großteils Giftstoffe deponiert, die zum Teil aber vor der Errichtung des Parks abtransportiert wurden. Der Rest wurde mittels metallischer Dammwände in 26 Meter Tiefe isoliert. Der Müll wurde mit einer undurchlässigen Spezialfolie abgedeckt, darauf kamen zwei Meter Erdreich. Bäume sind nicht gepflanzt, da die Wurzeln die Folie durchbohren würden, so ist lediglich eine dünenartige Vegetation von Sträuchern und diversen Kleinpflanzen anzutreffen.

Die Fahrradbrücke über den Kanal ist beeindruckende 780 Meter lang und somit die längste der Niederlande. Diese enorme Länge kam dadurch zustande, dass einerseits der Kanal sehr breit ist und zum zweiten die Brücke sehr hoch gebaut werden musste, um die rund 60.000 Schiffe, die jährlich den Kanal passieren, nicht zu behindern. Auf- und Abfahrt haben einen geringen Steigungs- und einen angenehmen Kurvengrad, wodurch der zu überwindende Höhenunterschied von 10 Metern kaum zu spüren ist.

Amsterdam s. S. 18

Markermeer
48
Forteiland Pampus
IJburg
Diemen Noord
Diemerpark
LFZZ
1,4
3,8
6
5,5
Diem
Diemen
Over-Diemen
Muidertrekvaart
Amsterdamsestraatweg
Rijksmuseum Muiderslot
Muiden
Mulderslot
Hofland
Jüdischer Friedhof
Naarder trekvaart
Breedland
Landlust
Molenwatering
Kl-Batavia
Vecht
Arbeid Adelt
Polder wetering
Hakkelaarsbrug
83
S114
S113
A1
54
55
58
59
15
16
47

Über die Inseln Texel und Vlieland nach Harlingen

155,1 km

HM/km: ↗ 0,1 (15m) ↘ 0,1 (21m) **Radweg:** 41 % **Unbefestigt:** 8 % **Verkehr:** 1 %

Wer dem eindrucksvollen Abschlussdeich das Schaukeln von Fähren vorzieht, dem bietet diese Variante das Inselleben als Alternative. Beachten Sie: die kleine und recht teure Fähre nach Vlieland verkehrt mit ihren nachmittäglichen Abfahrten nur von Mai bis September, in der Nebensaison zudem nicht täglich und ist unbedingt langfristig vorzubestellen. Übrigens sind Texel und die Friesischen Inseln die letzten Überbleibsel der einstmals geschlossenen Dünenküste, dazwischen erstreckt sich nun das Wattenmeer bis hinüber nach Deutschland. Über ehemalige Inseln wie Callantsoog und Huisduinen geht es noch auf der Noordzeeroute zum Marine- und Fährhafen Den Helder an Hollands Nordspitze. Auf Texel ersetzt ein dichtes Radroutennetz die Fernwegweisung und ermöglicht so auch Rundrouten, falls man nicht nach Vlieland weiterfahren möchte. Vlieland selbst ist fast autofrei und bei ordentlichem Westwind ein rasendes Radelerlebnis.

Die offizielle Hauptroute ist auf Texel ein paar Kilometer unbefestigt, der Abschnitt kann aber problemlos umfahren werden. Der übersichtliche Autoverkehr ist dabei kein Problem.

TIPP Bitte beachten Sie für Ihre Planung unbedingt die Informationen zur selten verkehrenden und kostspieligen Fähre von Texel nach Vlieland auf S. 103.

Am Beginn des Abschlussdeiches bei **KP 66** fahren Sie nach der Autobahnunterführung links für die Variante über Texel.

Den Oever

Auf dem **Havenweg** gelangen Sie an eine T-Kreuzung ~ rechts und bald links, **Oosterkruisweg** ~ im Links-Rechts weiter, **Stroeërkoogweg** ~ an der Viererkreuzung links ~ im Rechtsbogen an der N 99 entlang, **Parallelweg**.

Hippolytushoef

Vorwahl: 0227

Molen De Onderneming, Koningsweg 75, ✆ 533139. Ehem. Getreidemühle aus dem Jahre 1851, die im Jahre 2000 restauriert wurde. @ auy161

Am Ortsbeginn gelangen Sie an eine Kreuzung neben einem Kreisverkehr ~ geradeaus in den Weg **Erft** ~ an der T-Kreuzung links, weiterhin Erft ~ links auf die **Koningstraat** ~ an der Kreuzung **KP 67** links **Koogenweg** ~ unter der N 99 hindurch ~ geradeaus durch ein Wäldchen ~ an der folgenden

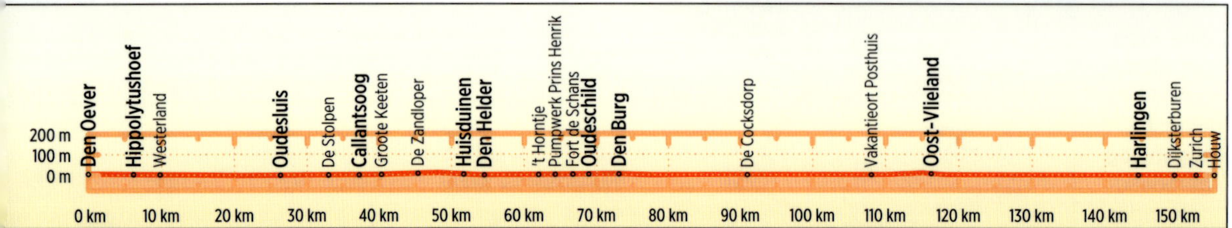

Viererkreuzung rechts ~ an der T-Kreuzung mit dem **Hollebalgweg** rechts und gleich wieder links, **Varkensgrasweg** ~ an der N 240 kurz links ~ noch vor der Brücke rechts **KP 21** ~ an der Gracht entlang ~ links über die Brücke auf den Deich ~ links halten **Hankessluisweg** ~ an der Küste im Linksbogen auf den **Amstelmeerweg** ~ bei **KP 17** links, **Lotweg** ~ rechts in den **Kruisweg** ~ an der T-Kreuzung schließlich links, **Veerweg** ~ an der Kreuzung mit dem Kerkweg rechts ~ noch vor dem Gewässer links, **Kneeskade** ~ Sie kommen nach Oudesluis.

Oudesluis

An der T-Kreuzung links ~ den **KP 14** passieren ~ rechts in den Weg **Sportlaan** ~ im Linksbogen verlassen Sie den Ort ~ die Bahn queren, schnurgerade auf dem **Korte Ruigeweg** ~ geradeaus an der Kreuzung

Oosterklief
Noorderbuurt
Hollebalg
Westerklief
Dam
76
Westerland
3,6
T1
N99
Balgzandkanaal
21
De Haukes
N240
Amstelmeer
18
Van Ewijcksluis
Middenvliet
Van Ewijcksvaart
Amstelmeerweg
90
N249
Hooge Oude Veer
Wiertocht
17
19
20
6,5
Hoenderdaal
5,2
Veerweg
Kruisweg
Lotweg
Anna Paulowna
Kleine Sluis
T3
15
Kneeskade
Kerkweg
16

T3
2,8
T4
T2
84
Abbestede
N9
N249
Kneeskade
4,7
26
Callantsoog
13
81
't Zand
Oudesluis
14
Wester Egalementsloot
3,2
Eendenkooi
Flarding
Arendshif
Eerste Water
4,5
34
Ooster Egalement sloot
31
Stolperweg
Kakelhof
Vitalite
De Kikkert
79
De Stolpen
Nieuw Stelhuin
44
Keinsmerbrug
Komanssloot
N503
3,4
32
88
N502
Tweede Water
N248
Kanaal Stolpen Schagen
Leeuwenhorn
Keinse

mit dem Keinsmerweg KP 34 ~ an der N 248 angelangt, rechts abbiegen ~ am KP 44 vorbei ~ auf dem Radweg über die Brücke und bei den beiden Kreisverkehren außen herum KP 32 ~ rechts am Stolperweg entlang ~ KP 31 an der Kreuzung mit der N 502 rechts halten auf dem Radweg ~ an der Straße entlang nach Callantsoog ~ auf Höhe des Parkplatzes rechts mit dem Radweg halbrechts auf die Holzkirche von Callantsoog zu.

Callantsoog

Vorwahl: 0224

- Info-Punkt, Dorpsplein 16, ✆ 582311, ✆ 06/45075474, @ rkx267
- **Juttersmuseum (Meeresschätze und Kunstmuseum)**, Mineweg 1, ✆ 06/30130763 Modern, lehrreich, komisch und interaktiv für jung und alt.

Von Callantsoog zum Fährhafen von Den Helder 22 km

Oben kurz rechts wieder auf die Hauptstraße ~ KP 26 an der Gabelung links halten aus dem Ort hinaus ~ auf den linksseitigen Radweg und unterhalb des schmalen Dünenstreifens entlang nach Grote Keeten KP 12.

Groote Keeten (Callantsoog)

Nun leicht erhöht in Sichtweite der Straße **Duinweg** nach Norden ~ nach gut 2 km mit Blick auf den jungen Polderort **Julianadorp** noch beim Camping Helmzicht links etwas in die Dünen hinein ~ auf Höhe des Bungalowparks **De Zwaluw** KP 08 nochmals fast auf die Straße ~ kurvig und hügelig die nächsten 3 km weiter, immer zwischen schmalem Dünenstreifen und der Straße **Zanddijk** ~ an der T-Kreuzung links der Duinroute folgen – rechts ist schon der Aussichtsturm von **Den Helder** zu sehen KP 05 ~ kurz danach den Querweg kreuzen ~ geradeaus am Info-Punkt **Donkere Duinen** vorbei in Richtung Huisduinen ~ wenig später halblinks auf den

T5

Den Helder

breiteren Weg und an einer Schranke vorbei hinauf links entlang des großen Dünensees der **Helderse Duinen** an der Kreuzung mit der Asphaltstraße links, dem Radweg folgen rechter Hand befindet sich etwas erhöht Fort Kijkduin.

Huisduinen

Vorwahl: 0223

- **Atlantikwall Centrum**, R. W. van de Wintstraat 41, ✆ 219999 (7d) Den Helder litt stark unter dem Krieg und dem Bau des Atlantikwalls. In der Ausstellung werden verschiedene Aspekte der Besatzungszeit beleuchtet und von Zeitzeugen nacherzählt. @ khm875
- **Fort Kijkduin**, Admiraal Verhuellplein 1, ✆ 612366 Den strategischen Wert erkannte bereits der französische Kaiser Napoleon, der den Bau 1811 in Auftrag gab. Heute kann das historische Monument mit seinen unterirdischen Gängen und Bunkern besichtigt werden. @ wip325
- **De Lange Jaap**, Zeeweg 5, ✆ 671200. Mit 64 m höchster gusseiserner Leuchtturm des Landes. Im angrenzenden Huisduinerpolder wimmelt es von Stelzenläufern.
- **De Helderse Vallei**, Vallei 9-11, ✆ 612555 Das Naturinformationszentrum mit Aussichtsturm, Kletter-Parcour und Streichelzoo bietet Spaß und Information für die ganze Familie. @ xii727
- **Nordsee-Aquarium**, Admiraal Verhuellplein 1, ✆ 612366 Dieses ist ein Teil der Bunkeranlage und gewährt mit seinem

12 m langen Glastunnel einen imposanten Einblick in die Unterwasserwelt. Verschiedenste Aquarien ermöglichen die Beobachtung und das Berühren der Fische. @ edk718

De Donkere Duinen. Mittelpunkt der Schutzbemühungen im Naturpark De Donkere Duinen und Mariendal ist die Erhaltung der ursprünglichen Vegetation.

Unterhalb des eckigen Küstenwachtturms von **Huisduinen** vorbei, ein paar hundert Meter weiter ragt der rote **Lange Jaap** hinterm Deich hervor auf der Außenseite des Deiches nun bis zum Fährhafen von **Den Helder**, wo stündlich die Boote nach **Texel** ablegen.

Den Helder

Vorwahl: 0223

VVV Toeristisch Infocentrum Den Helder, Willemsoord 52, ✆ 616100, @ rfj631

Fähre zur Insel Texel, Havenplein 3, ✆ 0222/369600, @ dan727

Käthe Kruse Puppen- und Spielzeugmuseum, Binnenhaven 25, ✆ 616704 Diese liebevolle Ausstellung der handgemachten Stoffpuppen zeigt, dass Käthe Kruse schon zu Beginn des 20. Jhs. ihrer Zeit weit voraus war. Über drei Etagen präsentieren sich mehr als 550 Puppen in Spielszenen zwischen nostalgischen Puppenstuben und -spielzeug. @ utw884

Marine Museum, Hoofdgracht 3, ✆ 657534 Den Helder ist der Heimathafen der Königlichen Flotte. Was läge also näher, als hier ein Marinemuseum zu errichten? @ rsa278

Museum Feuerschiff „Texel“, Willemsoord 73, ✆ 06/15613128. Die ehemaligen Feuerschiffe dienten zur Markierung gefährlicher Sandbänke und Untiefen. Das älteste dieser Feuerschiffe wurde nach der Außerdienststellung zu einem Museumsschiff umgewandelt. @ ark451

Nationaal Reddingsmuseum Dorus Rijkers (Seenotrettungsmuseum), Willemsoord 60G, ✆ 618320, @ xpo583

Oranjerie Hortus Overzee, Soembastraat 83, ✆ 614206 Hier finden Sie eine Sammlung farbenfroher tropischer Pflanzen und den größten japanischen Garten der Niederlande. @ vny347

In den ersten zehn Jahren des 19. Jahrhunderts veranlasste Na-

T7
Den Hoorn
Waddenzee
Mok
't Horntje
Pumpwerk Prins Henrik
Fort de Schans
N501
T8
T6
1,8
0,8
3,6
4,5
0,8
11
10
9
12
8
06
01
25
40

poleon Bonaparte den Ausbau Den Helders zu einer Festung, gern als „Gibraltar des Nordens" bezeichnet. Wenige Teile dieses Bollwerkes sind heute noch erhalten. Darunter befindet sich ein Teilstück des Festungsgrabens und die Forts Erfprins, Dirksz und Kijkduin. Bis heute ist Den Helder Flottenstützpunkt der Königlichen Marine. Dies brachte dem Städtchen die fast vollständige Zerstörung im Zweiten Weltkrieg ein. Der daraus resultierende Mangel an historischer Bebauung fällt hier schmerzhafter auf als beispielsweise in Rotterdam, wo ihn spektakuläre moderne Bauwerke überdecken.

ACHTUNG Auf Texel und Vlieland gibt es keine Beschilderung des LF 1, die offizielle Routenführung dieser Variante des Nordseeküsten-Radwegs hat also keine eigene Wegweisung! Es gibt jedoch ein dichtes und zuverlässiges Netz der rot-weißen Radwegweisung sowie die Knotenpunkte. Wollen Sie von Texel nicht weiter zur Nachbarinsel Vlieland übersetzen, lässt sich mittels der orangefarbenen Nebenrouten in den Karten leicht eine Rundtour zusammenstellen. Das Fährticket Den Helder – Texel gilt ohnehin auch für die Rückfahrt. Wo textliche Beschreibungen erforderlich sind, haben wir sie an den fraglichen Stellen eingeschoben. Die übrigen Nebenrouten sind mittels der Karten auch ohne Text gut zu finden.

Vom Fährhafen via Den Burg nach De Koog 16 km

KP 01 auf Texel dem Radweg folgend über die Straße und bis zum Abzweig nach 't Horntje.

't Horntje

Vorwahl: 0222

- **Fähre nach Den Helder**, ✆ 369600 o. 369691, www.teso.nl, Fährzeiten: tägl. 6.05-21.05 Uhr, So erst ab 8.05 Uhr, Fahrtdauer etwa 20 Minuten.

TIPP Auf der Insel Texel bieten sich auf dem Weg zur Fähre nach Vlieland neben der Hauptroute verschiedene Varianten an. So können Sie zum einen von 't Horntje über Den Hoorn nach De Koog radeln (Westvariante, s. u.), wo Sie bald wieder auf die Hauptroute treffen. Eine andere Möglichkeit wäre, die Hauptroute in Den Burg östlich zu verlassen und über De Waal und Oosterend zur Ostküste (Ostvariante, s. S. 100) zu fahren, der Sie dann bis De Cocksdorp folgen. Weitere Optionen finden Sie in den Karten Variante Texel-Vlieland 4-8.

Westvariante: Von 't Horntje über Den Hoorn nach De Koog 16 km

Auf Texel fahren Sie auf den Radweg rechts der Hauptstraße ~ den Schildern nach **Den Hoorn** folgend, links über die Hauptstraße und entlang der Straße, dann rechts in den Weg **Molwerk** und weiter entlang des **Watermolenweges** ~ den **Watermolenweg** queren und auf dem „fietspad" weiter ~ entlang des **Stolpweges** nach Den Hoorn **KP 12**.

Den Hoorn (Texel)

Vorwahl: 0222

- **Die weiße Kirche**, Kerkstraat 3, ✆ 316361. Die Kirche aus der Zeit um 1500 ist eines der Wahrzeichen der Insel. @ hbq388
- **Duinen van Texel**. Die schönen Dünen vor Den Hoorn laden zu ausgedehnten Streifzügen ein.

Im ausgehenden 14. Jahrhundert entstand Den Hoorn in der Nähe der ehemals höchsten Düne der Insel, der Loodsmansduin (Lotsendüne). Sie diente den Lotsen als Aussichtspunkt.

Folgen Sie nun der Fahrradbeschilderung vorbei an den Knotenpunkten **09**, **10**, **11**, **05**, **15**, **16**, **17**, **20** und **21** nach De Koog ~ weiter durch die schmale Gasse, dann auf den rechtsseitigen Radweg ~ bei der Kreuzung rechts Richtung

T8
Ecomare
De Waal
Spijkdorp
Spang
Landwirtschaftsmuseum
Waalderweg
Tienhoven
Ongeren
Westermient
Den Burg
Kogerstr.
N501
De Westen
Driehuizen
Schilderweg
Seefahrtsmuseum
Oudeschild
Driehuizentocht
Fort de Schans
Den Hoorn
T9
T7
4,5
2,2
1,8
1,5
1,2
0,4
3,6
0,8
17
16
15
46
5
11
48
49
52
56
57
59
54
50
51
76
45
26
42
41
38
39
25
40

De Koog, links geht es zum Campingplatz und geradeaus zum Strand ⤳ entlang der Straße, später durch Wald ⤳ an der Kreuzung beim Restaurant Bos-en-Duin nach halblinks Richtung De Koog, links geht es Richtung Strand und Aussichtspunkt ⤳ nach etwa 2,5 km an der **Seehundeklinik Ecomare** vorbei ⤳ auf den linksseitigen Radweg nach De Koog.

De Koog s. S. 102

ACHTUNG **Beachten Sie bitte unbedingt die Radwegbenutzungspflicht im näheren Gebiet von De Koog!**

Zum Anschluss an die Hauptroute weiter entlang der Straße aus dem Ort hinaus.

Auf der Hauptroute biegen Sie kurz nach dem Fährhafen rechts ab nach **'t Horntje** ⤳ am Ende des Radwegs rechts in die Straße **Dageraad** ⤳ gleich links in die Straße **Landsdiep** ⤳ Sie fahren auf dem Radweg am Deich (**De Rede**) ⤳ an der Brücke bei **De Sluis** geradeaus und weiter dem Deich folgen ⤳ nach einer Abzweigung und noch bevor der Radweg den Deich hinaufführt, **KP 25** folgen Sie dem Rechtsbogen und bleiben außendeichs ⤳ weiter bis zur ersten Deichquerung.

Fahren Sie auf dem Außendeich weiter, erreichen Sie nach 2,5 km Oudeschild.

Oudeschild

Vorwahl: 0222

Seefahrtsmuseum „Kaap Skil“, Heemskerckstraat 9, ✆ 314956 Das preisgekrönte Gebäude beherbergt eine einzigartige Ausstellung mit einer umfangreichen Strandgutsammlung, einer Nachbildung der Reede von Texel und eine Unterwasserarchäologie-Sammlung. Dazu Wissenswertes zu Schifffahrt, Fischerei und Archäologie der Insel. @ lym533

De Traanroeier, Heemskerckstraat 9, ✆ 314956 Direkt neben dem Schifffahrtsmuseum befindet sich die achtkantige Windmühle aus dem Jahr 1727. @ icl316

Folgen Sie der rot-weißen Beschilderung nach Den Burg ⤳ über **Schilderend** und **KP 76 Weverstraat** ⤳ beim Haus Nr. 87 links in die **Parkstraat** und direkt rechts (**Burgwal**) ⤳ am Ende rechts durch die Einkaufsstraße **Binnenburg** zum zentralen **Stenenplaats**.

Den Burg (Texel)

Vorwahl: 0222

VVV Texel, Emmalaan 66, ✆ 314741, ✆ 06/83357827, @ byg488

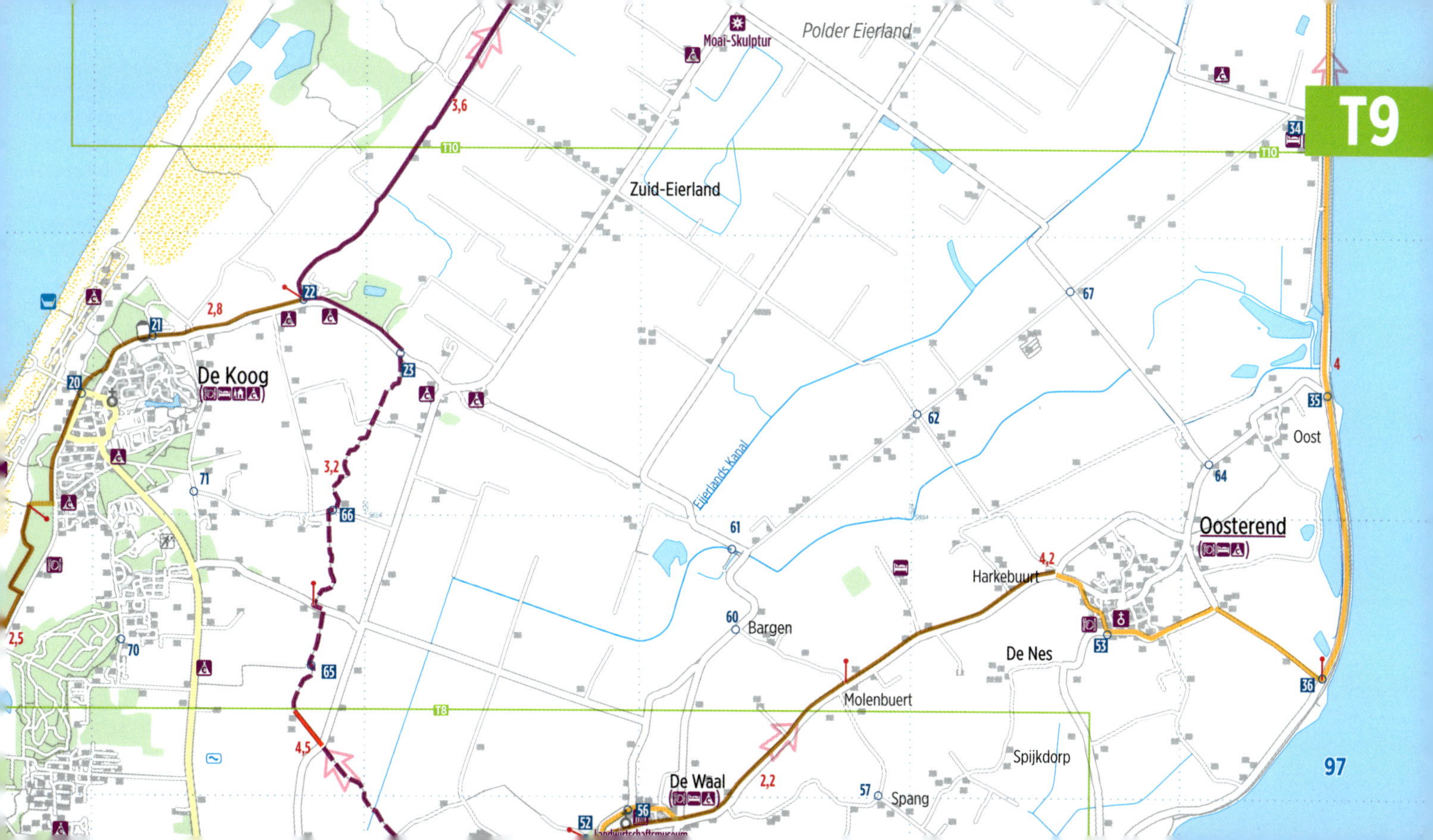
T9
Polder Eierland
Moai-Skulptur
T10
Zuid-Eierland
De Koog
Eierlands Kanal
Oost
Oosterend
Harkebuurt
Bargen
De Nes
Molenbuert
Spijkdorp
De Waal
Spang
T8
3,6
2,8
3,2
2,5
4,5
2,2
4,2
4
20
21
22
23
34
35
36
52
53
56
57
60
61
62
64
65
66
67
70
71

Museum Oudheidkamer, Kogerstraat 1, ✆ 313135 Die ausgestellten Trachten, Kunst- und Gebrauchsgegenstände geben einen Eindruck des Alltages und der Lebensweise der vergangenen Jahrhunderte. @ voh435

Dorpshuis, Weverstraat. Historische Häuser in der Weverstraat.

Öffentlicher Kräutergarten, Kogerstraat 1, ✆ 313135 Hier findet man seltene Pflanzen wie die Zauberwurzel „Alraune“ oder den „Pferdeeppich“, ein altholländisches Wildgemüse. @ ldw158

Texel

Texel ist die größte und populärste der Westfriesischen Inseln, gehört politisch aber noch zur Provinz Noordholland. Insgesamt ist die Insel gut 25 Kilometer lang und 9 Kilometer breit. Ein gut beschildertes Radwanderwegenetz von mehr als 135 Kilometern überzieht das Eiland. Die zahlreichen Naturschutzgebiete bieten seltenen Vogelarten eine ideale Rückzugs- und Brutmöglichkeit. Nur bedingt werden in diesen Gebieten Inselschutzmaßnahmen durchgeführt. Das Naturschutzgebiet „De Slufter“ wird sogar ganz sich selbst überlassen. Ansonsten wird mit entsprechenden Maßnahmen versucht, dem Wanderungsdrang der Insel Richtung Osten entgegen zu wirken.

Mehr als 36.000 Lämmer und Schafe weiden auf der Insel. Überall auf den von kleinen Deichen umgebenen Wiesen begegnet man den typischen Schafshütten. Hier wird Heu und Futter gelagert. Einige dieser „halben“ Scheunen wurden restauriert und stehen nun unter Denkmalschutz. Von Holland wird das Schaffleisch bevorzugt nach Frankreich exportiert, wo man es als „pré salé“ sehr zu schätzen weiß.

TIPP Wenn Sie den **Stenenplatz** auf der **Wadderstraat** verlassen, haben Sie die Möglichkeit, auf einer Ostvariante über Oosterend auf gutem Asphalt schnell zur Fähre nach Vlieland zu gelangen.

Waddenzee
Noordzee
Krimweg
28
29
30
32
24
27
34
1,6
1,8
0,6
3,6
5,7
3,6
De Cocksdorp
De Slufter
De Schorren
Midden-Eierland
Polder Eierland
Moai-Skulptur
T11
T11
T9
T9

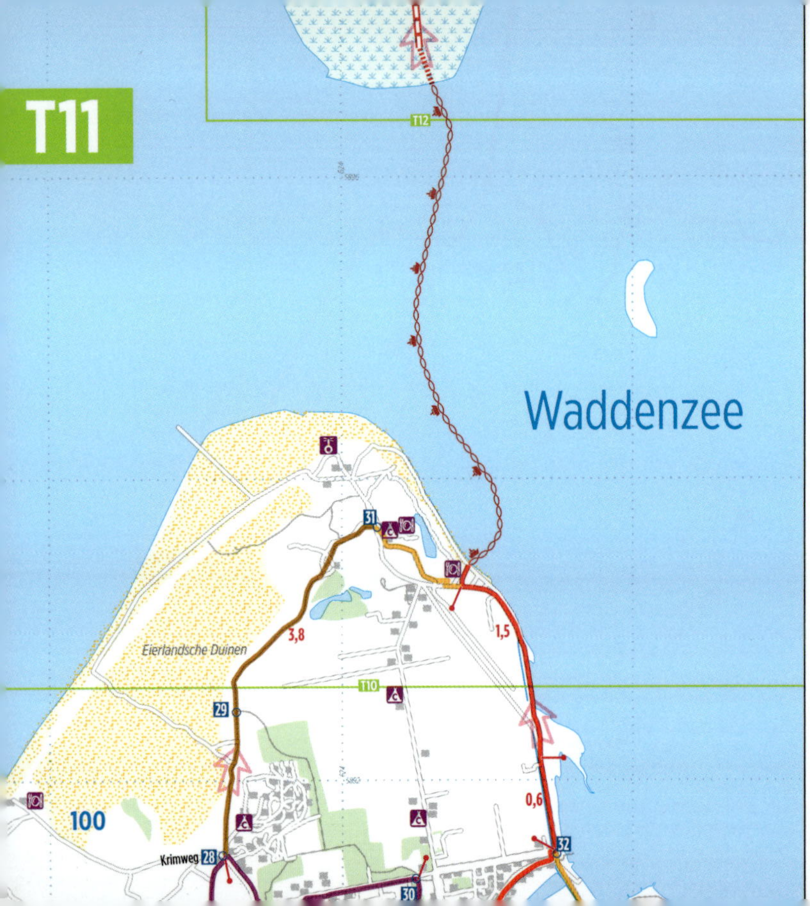

Ostvariante: Von Den Burg über De Waal und Oosterend zur Fähre nach Vlieland 19,5 km

Hierzu radeln Sie entlang der Straße via **De Waal** Richtung **Oosterend** ⁓ in De Waal durch den Ort **KP 56**, dann zurück zur Straße.

De Waal (Texel)

Vorwahl: 0222

🏛 **Cultuurhistorisch Museum**, Hogereind 6, ✆ 312951. In dem kulturhistorischen Museum sind Kutschen und landwirtschaftliche Gebrauchsgegenstände ausgestellt. Sowie jährliche Schwerpunkte zu den Themen: Ackerbau, Blumenzucht oder Verkehr, und regelmäßige Demonstration alten Handwerks und Kunstexpositionen in der alten Schmiede. @ xoq668

Am Ortsbeginn von **Oosterend** halbrechts und weitgehend geradlinig durch den Ort **KP 53**.

Oosterend (Texel)

♁ **Maartenskerk (Kirche)**, Kerkstraat 2. Mitten im Dorf steht die älteste Kirche von Texel, erbaut 1206. @ uox262

Fährenanleger auf Vlieland

Mühle „Het Noorden", Stuifweg 4. 1878 zur Entwässerung der Polder gebaut, zählt sie zu den größten Mühlen Nordhollands. Bis in die 1960er Jahre war die Mühle in Gebrauch, heute wird sie nur noch selten in Betrieb genommen.

Naturschutzgebiet De Schorren. Weitflächiges und wasserreiches Refugium für Vögel. @ isq132

Auf der **Achtertune** aus dem Ort ~ folgen Sie rechts der Straße **Oostkaap** zum gleichnamigen Kap mit dem **Eisenturm** KP 36 ~ von hier bis **De Cocksdorp** immer direkt am bzw. auf dem Deich ~ im Ort auf KP 32 die von links kommende Hauptroute zur Fähre in De Cocksdorp.

Vom Stenenplatz fahren Sie auf der **Kogerstraat** an den Stadtrand ~ an der T-Kreuzung biegen Sie rechts ab auf den straßenbegleitenden Radweg ~ über den Georgieweg und weiter entlang der Straße ~ bei der ersten Möglichkeit verlassen Sie die Straße nach rechts KP 48 in den **Burgerdijk** ~ vorbei an einer Einmündung von rechts KP 49 ~ nach ca. 400 m links in den Radweg Richtung De Muy (**Pilz Nr. 23847**) ~ geradeaus den **Nieuwlanderweg** kreuzen ~ weiter auf den Radweg auf dem alten **Waalenburgerdijk** ~ am Ende kurz links und gleich wieder rechts ~ am

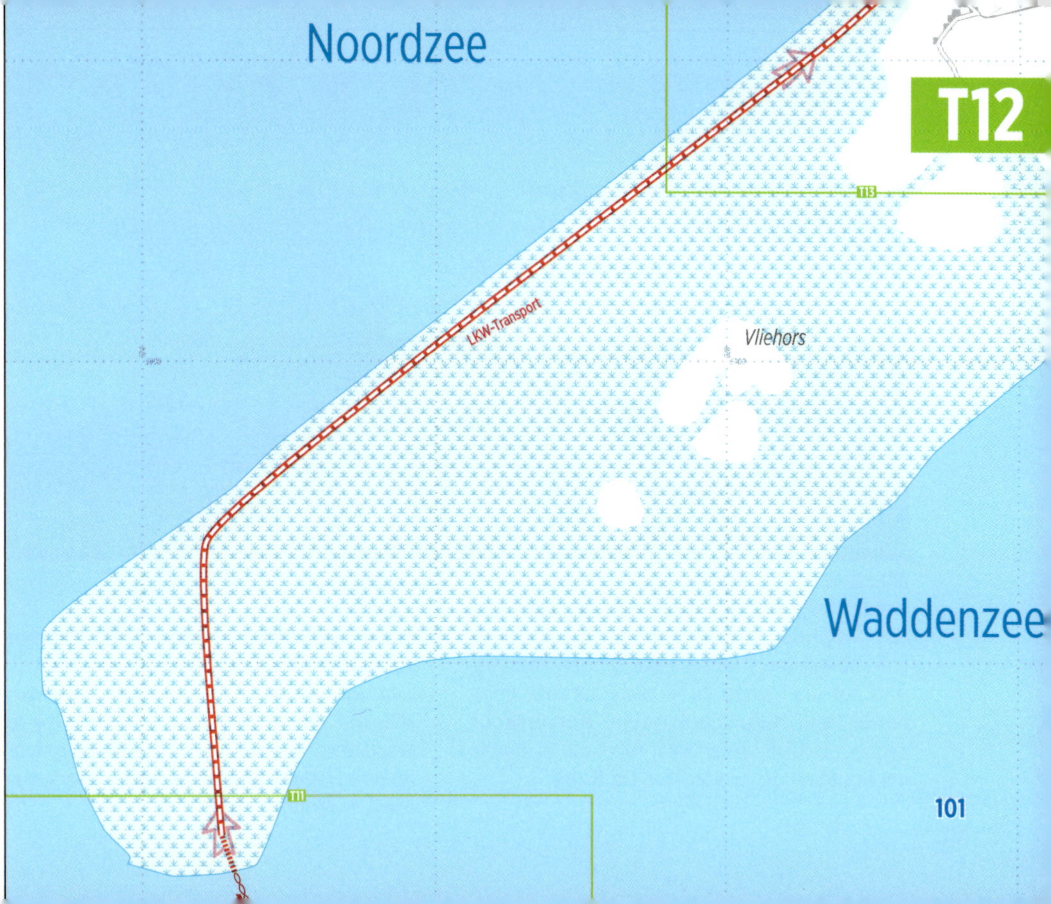

Vlieland, Leuchtturm

kreuzenden **Oude Dijkje** kurz rechts und gleich wieder links auf den **Waalenburgerdijk** an der Vorfahrtsstraße **Ruigendijk** am Ende KP 23 links ab auf den straßenbegleitenden Radweg und auf die Dünen zu die Radroute geht hinter dem **Naturschutzgebiet Korverskooi** rechts ab KP 22, geradeaus führt ein Radweg ins Zentrum des Badeortes **De Koog.**

De Koog (Texel)

Vorwahl: 0222

Ecomare Seehundeklinik und Zentrum für Watt und Nordsee, Ruijslaan 92, 317741 Das Museum etwas südlich des Ortes bringt dem Besucher den äußerst komplexen Lebensraum Wattenmeer und die Kultur und Natur von Texel und der Nordsee näher (mit Meeresaquarium). Die Seehundauffangstation betreut junge und übernimmt die Pflege kranker Seehunde und Seevögel. @ som362

Naturschutzgebiet De Slufter. Die herrliche Strandlandschaft nördlich von De Koog zieht sich viele hundert Meter in die Insel hinein. Die zahlreichen Priele entstanden während einer Sturmflut, die die Dämme brechen ließ und die Weiden überschwemmte.

Schwimmbad Zwemparadijs Calluna im Roompot Kustpark Texel, Schumakersweg 3, 587878, @ vqt642

Von De Koog zur Fähre nach Vlieland — *11 km*

Von der Hauptstraße am **Naturreservat Korverskooi** etwas vor dem Ort rechts auf den Radweg unterhalb der Dünen einbiegen ab der Zufahrt **Zuid-Eierland** neben der Straße (**Zanddijk**) immer geradeaus zum Aussichtspunkt aufs NSG De Slufter KP 27 durch die Klappschranke Richtung Krimbos geradeaus über die Straße und weiter auf dem straßenbegleitenden Radweg von **De Cocksdorp** über den Krimweg KP 28 und rechts auf den Radweg.

VARIANTE: Alternativ können Sie auch durch die Dünen zum Fährhafen von De Cocksdorp fahren, fahren Sie dazu nach Queren des Krimweges geradeaus.

Am Ende der Linkskurve rechts auf der Brücke über die Straße, dann den Kurven des Radwegs folgen ~ auf der verkehrsberuhigten Hauptstraße durch den jungen Ferienort ~ vor zum **Lancasterdijk** und dort links ab KP 32 ~ nach etwa 2 km sehen Sie schon Schilder nach rechts zum Rettungsboot, wo auch die kleine Fähre nach **Vlieland** ablegt, Tickets gibt es etwas weiter beim Strandpaviljoen.

AUSFLUG Geradeaus weiter geht es auf dem Vuurtorenweg zur Nordspitze der Insel mit dem großen Leuchtturm.

De Cocksdorp (Texel)

Vorwahl: 0222

- **Fährfahrten nach Vlieland „De Noorman"**, Volharding 2A, ✆ 316451, ✆ 06/13524734. Infos und Vorbestellung (unbedingt mehrere Tage vor Abfahrt!) online oder beim Ticketverkauf „De Noorman", Volharding 2A, Fährzeiten wetterabhängig Mai-Sept., Hauptsaison tägl., Vor- und Nachsaison Di-Do, So. Die beachtlichen Preise (Stand 2021) liegen um EUR 28 pro Person (ermäßigt EUR 14,-), pro Fahrrad EUR 12,50. Der obligatorische Lkw-Transport auf Vlieland ist inklusive. Außerdem werden Wattfahrten zu den Seehundbänken angeboten. @ bta315
- **Leuchtturm Eierland**, Vuurtorenweg 184, ✆ 317741. An der nördlichen Spitze der Insel befindet sich der 1864 erbaute Leuchtturm. Über eine Wendeltreppe mit 153 Stufen kann man die sechs Stockwerke besteigen und eine großartige Aussicht genießen. @ wpv877

- **Moai-Skulptur**, Postweg 72, ☎ 311214. Dies ist die einzige Moai-Skulptur außerhalb der Osterinseln! Dem niederländischen Entdecker der Osterinseln, Jacob Roggeveen, zu Ehren wurde sie hier am Postweg aufgestellt. Der Niederländer war zu seiner Fahrt in den Pazifik von Texel aus aufgebrochen. @ cqp314
- **Segelschule De Eilander**, De Volharding 6, ☎ 06/20634413. Es gibt u. a. Tageskurse, die aus 1 Std. Theorie und 4 Std. Praxis bestehen. @ tma443

Mit De Cocksdorp haben Sie das nördlichste und jüngste Dorf Texels erreicht. Das Örtchen entstand erst 1835, als der Polder Eierland trocken gelegt wurde. Benannt wurde es nach einem aus Antwerpen stammenden Reeder. N. J. De Cock, dem aufständischen Belgien entflohen, ließ auf dem von ihm erworbenen Grund einen 11 Kilometer langen Deich ziehen, der nach nur fünfmonatiger Bauzeit fertig war.

Vlieland

TIPP Nach Ankunft auf Vlieland haben Sie während des 7 Kilometer langen Lkw-Transports zum Posthuis durch militärisches Übungsgelände Gelegenheit, die „Sahara des Nordens" von Vliehors zu betrachten.

Vlieland: Vom Posthuis zur Fähre nach Harlingen — 10 km

TIPP Die offizielle Variante nach Oost-Vlieland, hügelig durch die Dünen auf der windigen äußeren Inselseite, eignet sich gut für Tage mit südwestlichen Winden. Bei besonders starkem Gegen- oder Seitenwind hingegen empfiehlt sich die Benutzung der fast autofreien Straße Postweg nach Oost-Vlieland, die auf der Landseite der Dünen windgeschützter, geradliniger und flacher verläuft.

Kurz hinter Posthuis am **Pilz Nr. 21735** vom **Postweg** nach links Richtung Dam 20 abzweigen ⇝ nach gut 600 m beginnt am Pilz Nr. 21752 rechts der Radweg durch die Dünen Richtung **Dorp** ⇝ 5 km weiter zweigt nach einer weiten Rechtskurve die Route beim **Pilz Nr. 21774** Richtung Dorp nach links ab ⇝ im Wald angekommen scharf rechts (**Pilz 23208**) und 100 m weiter wieder nach links Richtung Torenvijver (**23209**) ⇝ an der Straße rechts ab, nun wieder Richtung Dorp ⇝ auf dem vom Strand kommenden **Badweg** gelangen Sie ins Dorf **Oost-Vlieland** ⇝ am Ende (**23216**) rechts und direkt scharf links ⇝ hinter der Kirche über den Platz und geradeaus in die Gasse ⇝ am Ende links in die **Dorpsstraat**.

Oost-Vlieland

Vorwahl: 0562

- **VVV-Kantoor**, Havenweg 10, ☎ 451111, @ jvs537
- **Fähre Vlieland-Harlingen**, Havenweg 8, ☎ 088/9000888. Fährzeiten: tägl. mehrere Abfahrten. @ saf135
- **De Noordwester Waddencentrum en Zeeaquarium**, Dorpstraat 150, ☎ 451700. Allgemeine Informationen über Flora und Fauna Vlielands und seiner Umgebung. Dazu ein Strandräuber-Speicher und Ausstellungen über Schiffsunglücke und die Funde von Wrack-Tauchern. Durchführung von Wattwanderungen. @ mlu851
- **Trompshuys**, Dorpsstraat 99, ☎ 451600. Führungen in dt. Sprache. In diesem Admiralitätshaus aus dem 16. Jh., dem äl-

ordzee
Oost-Vlieland
3,6
0,8
Vuurtoren
Naturhist. Museum
Het Trompshuys
Vlieland
3,2
Lange Paal
T13
Richel
Harlingen 1h 45min
Waddenzee

testen der Insel, findet sich alles über die Geschichte der Insel, ihrer Besonderheiten und ihrer Bewohner. Dazu kommt die Sammlung der Künstlerin B. Akersloot-Berg, einer Schülerin von H. W. Mesdag, mit norwegischen und holländischen Gemälden und Antiquitäten. @ mbk222

- **Nederlandse Hervormde Kerk**, Kerkplein 7. Im Jahre 1642 wurde sie im Stil skandinavischer Kirchen erbaut. Im Inneren sind ein Kronleuchter und zwei Schiffsmodelle zu sehen, draußen alte Grabsteine aus Walknochen. @ bdv113
- **Vuurtoren**, Vuurboetsduin, ✆ 451326. Der im Jahre 1909 erbaute Leuchtturm erhebt sich 18 m über der höchsten Düne der Insel (45 m!) und bietet einen schönen Weitblick über die Wattenmeerküste. @ lpc257
- **Treppengiebel**, Dorpsstraat. Malerische alte Wohngebäude mit Treppengiebeln aus dem 17. Jh. befinden sich an der Dorpsstraat.
- **Vliehors**. Das Übungsgebiet der Königlichen Luftwaffe der Niederlande befindet sich im Westen der Insel. Während der Woche wird das Areal als Truppenübungsgelände genutzt. An den Wochenenden können Besucher das Gelände auf eigene Gefahr betreten.
- **Bezoekercentrum Vlieland**, Dorpsstraat 150, ✆ 451700. Dieses bietet Wald-, Dünen- und Wattwanderungen sowie Exkursionen durch die (Vogel-)Schutzgebiete Kooiplekslid, Oude und Nieuwe Kooi an. Führungen durch die Kroonspolders und die Meeuwenduinen starten in der Brutzeit, @ nwt624
- **De Vliehors Expres B.V.**, Dorpsstraat 20, ✆ 451971, ✆ 06/21820842. Tagesausflüge mit den Vliehors über die „Sahara des Nordens" bis an die Spitze Vliehors, wo man Seehunde beobachten kann. @ vba256
- **Vogelschutzgebiet Kroon's Polders**, Oost-Vlieland. Das Schutzgebiet erstreckt sich südwestlich vom Posthuis und bietet Vögeln ein ideales Brutgebiet. Informationen zu Exkursionen durch das Vogelschutzgebiet und die nördlich anschließenden Meeuwenduinen erhalten Sie im Besucherzentrum von Vlieland. @ vpw546

Die Insel Vlieland ist ein ruhiger und beschaulicher Ort. Nur die Inselbewohner besitzen eine Autofahrgenehmigung, sodass sich die Erholungssuchenden fast ganz ungestört von lästigem Verkehr auf der Insel bewegen können. Im ausgehenden 18. Jahrhundert wurde der westliche Teil der Insel vom Meer fort gespült. Nur Oost-Vlieland blieb erhalten. Seit Beginn des Jahrhunderts werden Aufforstungsmaßnahmen vorgenommen. Sie sollen die Versandung im Osten der Insel bremsen. So liegt der kleine Ort Oost-Vlieland umgeben von einigen Waldgebieten. Die Insel besitzt herrliche Strände, an denen es sich schön wandern lässt.

Auf der **Dorpsstraat** kommen Sie an die Kaimauer, wo am Ortsende die Fähre nach Harlingen ablegt.

TIPP: Falls Sie einen Ausflug auf die Insel Terschelling einplanen, können Sie auch direkt von Vlieland übersetzen.

West-Terschelling

- **VVV Terschelling**, Willem Barentszkade 19a, ✆ 0562/443000, @ nww684
- **Fähre Vlieland-Terschelling**, Willem Barentszkade 21, ✆ 088/9000888. Fährzeiten: tägl. mehrere Abfahrten. @ bfg643

Harlingen/Haarls

Vorwahl: 0517

- **Tourist Information Harlingen**, Grote Bredeplaats 12, ✆ 430207, @ ybj252
- **Fähre Harlingen-Terschelling**, Waddenpromenade 5, ✆ 088/9000888. Fährzeiten: tägl. mehrere Abfahrten, Fahrtdauer 2 Std. bzw. 45 Min. @ qnf367

Fähre Harlingen-Vlieland, Waddenpromenade 5, ✆ 088/9000888. Fährzeiten: tägl. mehrere Abfahrten, Fahrtdauer 1,5 Std. bzw. 45 Min. @ aoc235

Städt. Museum „Gem. Museum Het Hannemahuis“, Voorstr. 56, ✆ 413658 Im Patrizierhaus (18. Jh.) sind verschiedene Abteilungen zu sehen: Schifffahrt in der Zuiderzee, fries. Silbergegenstände aus dem 17./18. Jh., drei Stilzimmer, Harlinger Kacheln und Steingut sowie Infos zur Stadtgeschichte. Das Vestdijkzimmer ist dem Leben und Werk des in Harlingen geborenen Schriftstellers Simon Vestdijk (1898-1971) gewidmet. @ qsl527

Grote Herv. Kerk, Kerkpad 3. Die Große Reformierte Kirche wurde auf den Fundamenten des Doms von Almenum erbaut. Der romanische Tuffsteinturm ist aus dem 12. Jh. Im Innern sind eine Hinsz-Orgel und eine kunstvolle Holzkanzel zu sehen. Erbaut wurde sie von 1772-1775.

De Steenen Man-Denkmal, Westerzeedijk. Das Denkmal wurde zu Ehren des spanischen Statthalters Caspar de Robles errichtet, der die Befestigung der Stadt 1570 verstärken ließ.

Jonkje-Denkmal. Am Fähranleger. Das Denkmal erinnert an eine Legende, der zufolge ein kleiner Junge seinen Finger in ein Loch des Deiches steckte und somit den zu brechen drohenden Deich rettete.

Harlinger Aardewerk und Tegelfabriek, Voorstr. 84, ✆ 415362 Handwerkskunst seit 1598: In der Manufaktur werden auch heute noch Fliesen und Fayencen nach dem damaligen Herstellungsverfahren gefertigt und von Hand bemalt. @ gkc566

Stadthuis, Voorstraat 35, ☎ 140517. Das Rathaus wurde wie die Grote Kerk ebenfalls im ausgehenden 18. Jh. erbaut und mit einem barocken Vorgiebel versehen. Im Turm befindet sich ein Glockenspiel. @ xdf613

Zuider- und Noordhaven, Zuiderhaven. Der Zuiderhaven wurde 1597 an der Stelle angelegt, wo sich bis zu diesem Zeitpunkt das Fort von Harlingen befand. Heute besitzt Harlingen den bedeutendsten Hafen der niederländischen Krabbenfischerei.

Zu Beginn des 16. Jahrhunderts ließ Herzog Albrecht von Sachsen direkt am Hafen ein Fort erbauen. Es diente der Kontrolle der Bevölkerung, der Versorgung der Truppen und der Kontrolle der Schifffahrt. In Folge des 80-jährigen Befreiungskrieges wurde Harlingen in den Jahren 1579/80 stark erweitert und mit einem Ringwall und sechs Zwingern geschützt. Die neu befestigte Stadt, in die das Dorf Almenum integriert wurde, war nur durch eines der sechs Stadttore zu betreten. Zu der befürchteten Belagerung der Stadt kam es jedoch nicht. Bereits um 1600 wurden Teile des alten Forts wieder abgerissen, andere beispielsweise als Kirche genutzt. Im vergangenen Jahrhundert riss man die Reste der Stadtbefestigung samt Toren endgültig ab und ebnete die meisten Wälle ein.

Gegen Ende des 16. Jahrhunderts wurde in Harlingen die erste friesische Keramikmanufaktur gegründet. Auf den Handelswegen der Hanse – Harlingen war im Mittelalter Mitglied – gelangten die kostbaren Fliesen und kunstvollen Fayencen weit bis in die Länder im Ostsee- und Mittelmeerraum, wo sie Häuser und Paläste schmückten.

Mit Harlingen durchfahren Sie die erste Stadt Frieslands. Überall wird Ihnen die friesische Fahne mit den sieben roten Seerosen auf blau-weiß gestreiftem Untergrund entgegen wehen. Die Rosen stehen für die sieben freien friesischen Seelande, die sich im 14. Jahrhundert von der Zuiderzee bis zur Weser erstreckten.

Die vielleicht berühmteste Friesin ist Margaretha Geertruidia Zelle, geboren am 07.08.1876 in Leeuwarden, der Provinzhauptstadt Frieslands. Die Künstlerin verbrachte einige Jahre in den niederländischen Überseegebieten, bevor Sie in Paris unter dem Namen „Mata Hari" als gefeierte Tänzerin bekannt wurde. Während des 1. Weltkrieges wurde sie, die zahlreiche Affären zu deutschen und französischen Offizieren unterhielt, von den französischen Behörden der Spionage für Deutschland verdächtigt und 1917 zum Tode verurteilt, obwohl keine eindeutigen Beweise für ihre Schuld erbracht werden konnten.

Nach der Ankunft mit der Fähre in Harlingen halten Sie sich im Hafen rechts ~ auf der **Prinsenstraat** in die Stadt ~ links in die **Voorstraat**, Radfahren ist erlaubt ~ rechts, **Simon**

Gracht in Harlingen

Stijlstraat ~ kurz rechts und gleich links, **Spekmarkt** ~ KP 51 weiter auf der **Brouwerstraat** ~ rechts und gleich links, am Hafenbecken entlang ~ an der **Sporstraat** rechts ~ links über die Bahn ~ rechts auf dem **Westerzeedijk** ~ im spitzen Winkel links auf dem Radweg am Hafen entlang ~ für ca. 6,5 km am Ufer entlang ~ in Zurich schließlich vom Damm herunter.

Surch/Zurich

Schnurgerade auf den Weg **Caspar de Roblesdijk** KP 59 ~ im Links-Rechts auf einer Brücke über die N 31 ~ in der Folge unter der A 7 hindurch ~ auf dem Houwdijk gelangen Sie an die Hauptroute KP 74.

TIPP Den weiteren Verlauf nach Amsterdam finden Sie ab Karte 21.

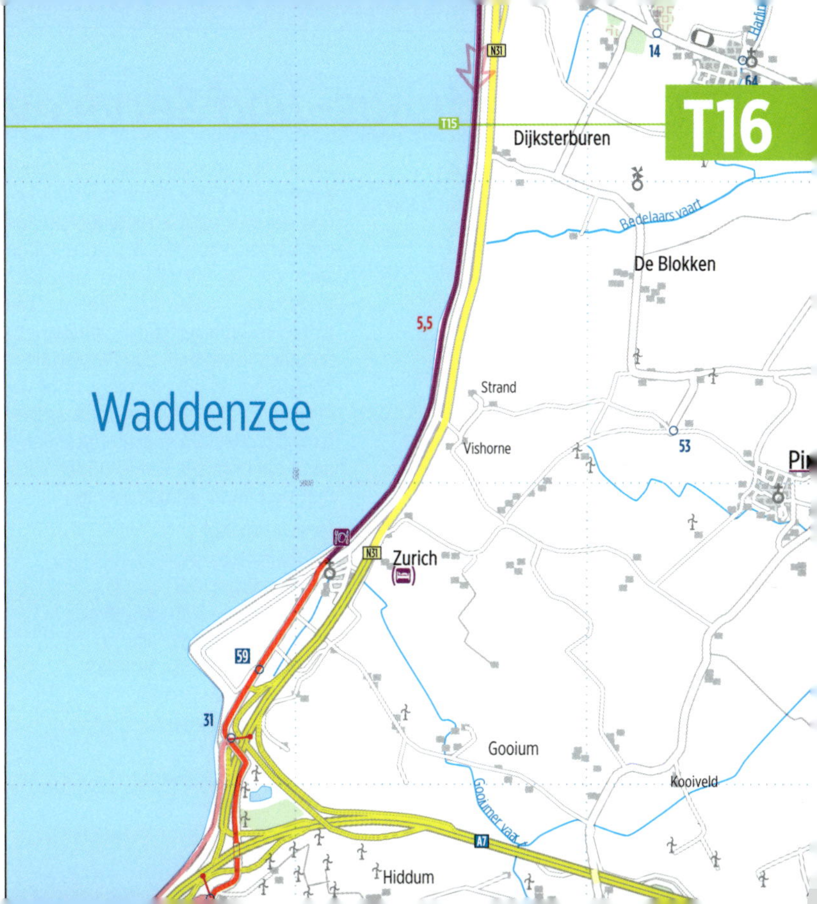

Übernachtungs- und Serviceverzeichnis

Übernachtungsadressen

Dieses Verzeichnis beinhaltet folgende Übernachtungskategorien:

Kategorien

- i Tourist-Information
- H Hotel
- Hg Hotel garni
- Gh Gasthof, Gasthaus
- P Pension, Gästehaus
- Pz Privatzimmer
- Ho Hostel
- Mo Motel
- NF Naturfreundehaus
- AH Apartmenthotel
- B&B Bed and Breakfast
- B Bungalow
- Fw Ferienwohnung (Auswahl)
- Bh Bauernhof
- Hh Heuhotel
- S Sonstiges
- Jugendherberge, -gästehaus
- Campingplatz
- Zeltplatz (Naturlagerplatz)

Die Auflistung stellt keine Empfehlung einzelner Betriebe dar und erhebt keinen Anspruch auf Vollständigkeit. Um das Verzeichnis stets aktuell zu halten, sind wir für Mitteilungen bezüglich Änderungen jeder Art dankbar. Der einfache Eintrag erfolgt für die Betriebe natürlich kostenfrei, aus Platzgründen können wir diesen allerdings nicht garantieren. Vor allem in Tourismusgebieten mit großem Übernachtungsangebot muss die Liste aus Platzgründen automatisiert leicht gekürzt werden.

Kennzeichnung

- I Preiskategorie unter € 25,–
- II Preiskategorie € 25,– bis € 35,–
- III Preiskategorie € 35,– bis € 50,–
- IV Preiskategorie € 50,– bis € 70,–
- V Preiskategorie € 70,– bis € 100,–
- VI Preiskategorie über € 100,–
- o.F. kein Frühstück angeboten
- HP mit Halbpension
- nur Zimmer mit Etagenbad
- Bett+Bike Betrieb
- 2.5 Entfernung vom Weg in Kilometer Luftlinie

Preise

Die Preise gelten als Richtwert pro Person in einem Doppelzimmer mit Dusche oder Bad inkl. Frühstück.

Die angegebenen Preiskategorien entsprechen dem Stand des Erhebungs- bzw. Überarbeitungszeitraumes und können sich von den tatsächlichen Preisen unterscheiden. Besonders während Messezeiten, aufgrund von unterschiedlichen Zimmertypen und nicht zuletzt saisonal bedingt sind preisliche Schwankungen möglich.

Radwerkstätten u. -vermietung

- Fahrradwerkstatt
- Fahrradvermietung
- Servicestation od. -automat
- E-Bike Ladestation
- E-Bike Verleih
- abschließbare Abstellanlagen

Entfernung

Die blaue Zahl (2.5) beim Betrieb gibt die Entfernung zur Route in Kilometern an. Bitte beachten Sie, dass sich diese Zahl auf die Luftlinie bezieht, ohne Berücksichtigung der Höhenmeter und der tatsächlichen zurückzulegenden Strecke.

Updates

Aktuelle Korrekturen zum Übernachtungsverzeichnis erhalten Sie über das LiveUpdate auf ***www.esterbauer.com***.

bett+bike adfc

Alle mit dem Bett+Bike-Logo gekennzeichneten Betriebe erfüllen die vom ADFC vorgeschriebenen Mindestkriterien als „Fahrradfreundliche Gastbetriebe" und bieten darüber hinaus so manche Annehmlichkeit für Radfahrer. Detaillierte Informationen finden Sie unter ***www.bettundbike.de***.

adfc Allgemeiner Deutscher Fahrrad-Club

Ijssel

Amsterdam

Vorwahl: 020

- i I amsterdam Visitor Centre Stationsplein, Stationsplein 10, Gegenüber dem Hauptbahnhof von Amsterdam, Noord-Zuid Hollands Koffiehuis, ✆ 7026000 0.5
- H AMS Museum Hotel, P.C. Hooftstraat 2, ✆ 6621402, IV 2.5
- H Agora, Singel 462, ✆ 0206/272200 1.5
- H Alexander, Vondelstraat 44, ✆ 5894020, III 2.5
- H Ambassade, Herengracht 341, ✆ 5550222, VI 1.5
- H Amstelzicht, Amstel 104, ✆ 6236693, III 1.5
- H Amsterdam Inn, Leidsegracht 111, ✆ 6232221, II-III 2
- H Arena, ,s Gravesandestraat 55, ✆ 8502400, IV-V 1.5
- H Blyss, Vondelstraat 74-78, ✆ 6168221, III 2.5
- H Canal House, Keizersgracht 148, ✆ 6225182, o.F., V 1
- H Casa, Eerste Ringdijkstraat 4, ✆ 6651171, III 2
- H Centre Canal District, Noorderstraat 46, ✆ 6220328, V 2
- H Conscious Hotel Museum Square, De Lairessestraat 7, ✆ 6719596, ✆ 020/8203333, IV 3.5
- H De La Haye, Leidsgracht 114, ✆ 6244044, o.F., II-III 2
- H Eden Hotel Amsterdam, Amstel 144, ✆ 5307878, V-VI 1.5
- H Espresso, Overtoom 57, ✆ 4120880, III 2.5
- H Estherea, Singel 303-309, ✆ 6245146, V-VI 1.5
- H Europa 92, 1e Constantijn Huygensstraat 103-107, ✆ 6188808 2.5
- H Fita, Jan Luijkenstraat 37, ✆ 6790976, IV 3
- H InterContinental Amstel, Professor Tulpplein 1, ✆ 6226060, ✆ 0800/0232420, VI 2
- H Jan Luyken, Jan Luijkenstraat 58, ✆ 5730730, V 2.5
- H Jupiter, Tweede Helmersstraat 14, ✆ 6187132, ✆ 6124964, III-IV 2.5
- H Krasnapolsky, Dam 9, ✆ 5549111, V-VI 1
- H Museumzicht, Jan Luykenstraat 22, ✆ 6712954, III-IV 2.5
- H Park Centraal, Stadshouderskade 25, ✆ 207107277, ✆ 6649455, V-VI 2.5
- H Piet Hein, Vossiusstraat 52-53, ✆ 6627205, IV 3
- H Prinsen, Vondelstraat 36-38, ✆ 6162323, IV 2.5
- H Schroder, Haarlemmerdijk 48B, ✆ 6266272, III 1
- H Seven Bridges, Reguliersgracht 31, ✆ 6231329, V-VI 2
- H Spa Sporthotel Zuiver, Koenenkade 8, ✆ 3010700, VI 6
- H Vossius, Vossiusstraat 8, ✆ 3035000, IV-VI 2.5
- H WestCord Art Hotel, Spaarndammerdijk 302, ✆ 4109670, IV 2.5
- H Wiechmann, Prinsengracht 328-332, ✆ 6263321, IV 2
- Ho Hans Brinker, Kerkstraat 136-138, ✆ 6220687, III 2
- Ho Shelter City Hostel Amsterdam, Barndesteeg 21, ✆ 6253230 1
- Ho Shelter Jordan Christian Hostel, Bloemstraat 179, ✆ 6244717, II-IV 2
- Ho Sphinx, Weteringschans 82, ✆ 6273680, III 2.5
- Ho Stayokay A'dam Oost, Timorplein 21, ✆ 5513190, II-III 0
- Ho Stayokay A'dam Stadsdoelen, Kloveniersburgwal 97, ✆ 6246832, I 1.5
- Ho Stayokay A'dam Vondelpark, Zandpad 5, ✆ 5898996, III-IV 2.5
- Ho THE FLYING PIG Downtown Hostel, Nieuwendijk 100, ✆ 4206822, I-II 0.5
- Ho THE FLYING PIG Uptown Hostel, Vossiusstraat 46, ✆ 4004187, I-II 3
- B&B Bed and Bike Studio, Noorder Ijdijk 107, ✆ 4197448, ✆ 06/46221522, o.F., V 0.5
- B&B Herengracht 21, Herengracht 21, ✆ 6256305, ✆ 06/28120962, V 0.5
- B&B Kwint, Kometensingel 187, ✆ 6314930, III 4
- B&B Studio INN, Barentszplein 3-1, ✆ 06/14776865, V 1
- Bob's Youth Hostel, Nieuwezijds Voorburgwal 92, ✆ 6230063, o.F. 1
- Meetingpoint Youth Hostel, Warmoesstraat 14, ✆ 6277499, I-II 0.5
- Camping Zeeburg, Zuider IJdijk 20, ✆ 6944430, I 0
- Gaasper Camping Amsterdam, Loosdrechtdreef 7, ✆ 6967326, I 3.5
- Vliegenbos, Meeuwenlaan 138, ✆ 6368855, I 1.5
- A-BIKE Rental & Tours Dam Square, Rokin 105-A, ✆ 2100165 1.5
- A-BIKE Rental & Tours Vondelpark, Tesselschadestraat 1-E, ✆ 2100165 2.5
- Ajaxbike, Gerard Doustraat 153, ✆ 6/17294284 2.5
- Amsterbike Fietsverhuur, Piet Heinkade 25, ✆ 4199063 0
- Damstraat Rent a Bike, Damstraat 20-22, ✆ 6255029 1
- Discount Bike Rental, Nieuwe Nieuwstraat 19 D, ✆ 4284040 1
- Holland Rent-a-bike Beursstalling, Damrak 247, ✆ 6223207 1
- MacBike Centraal Station, De Ruijterkade 34B, ✆ 6248391 0
- MacBike Oosterdokskade, Oosterdokskade 63A, ✆ 8115110 0.5
- MacBike Vondelpark, Overtoom 45, ✆ 6833369 2.5
- MacBike Waterlooplein, Waterlooplein 289, ✆ 4287005 1.5
- Mike's Bike Tours, Kerkstraat 123, ✆ 643611798 2
- Star Bikes Rental, De Ruyterkade 143, ✆ 6203215 0
- Yellow Bike, Nieuwezijds Kolk 29, ✆ 6206940 0.5

Durgerdam

Vorwahl: 020

De Badhoeve, Uitdammerdijk 10, ☎ 4904294 1

Uitdam

Vorwahl: 020

B&B Fred and Breakfast, Uitdammerdorpsstraat 18 2.5

B&B Bh The Lake House, Uitdammer Dorpsstraat 31, ☎ 06/51193221, IV 2.5

Camping Jachthaven, Zeedijk 2, ☎ 088/0708095 2.5

Zuiderwoude

Vorwahl: 020

B&B Frank and Free, Aandammergouw 2, ☎ 0292/65292, III 0

Broek in Waterland

Vorwahl: 020

Pz Inn on the Lake, Kerkplein 11, ☎ 3318573, ☎ 06/51234819, V-VI 2.5

B&B Room-With-A-View, Broekermeerdijk 21ark, ☎ 06/55714101, IV 2.5

De Leek, Overlekergouw 8, ☎ 06/48287895, I 3

Monnickendam

Vorwahl: 0299

i VVV Monnickendam, Zuideinde 2, ☎ 820046 0

B&B De Monnick, Noordeinde 8, ☎ 06/13345885, III-IV 0

B&B De Overleekerhoeve, Overleek 25A, ☎ 0204/361387, III-IV 4

B&B De Reederij, Havenstraat 4, ☎ 06/10235902, III 0

B&B Flower Garden, Margrietstraat 29, ☎ 651170, II 0.5

B&B Mirror Paviljoen, Waterlandsezeedijk 1, ☎ 653612, III 0

B&B Monnickendam, Rielant 64, ☎ 654077, II-III 1

Minicamping de Boerenhemel, Overleek 13, ☎ 651562, ☎ 06/38334737 3

Ber Koning fiets-sport, Noordeinde 12, ☎ 651267. E-Bike Spezialist 0

Katwoude

Vorwahl: 0299

H Hotel Volendam, Wagenweg 1, ☎ 365656, IV 2

B&B B&B Het Woutkatje, Hoogedijk 34, ☎ 06/24566486, o.F., IV 0

B&B B&B Hoeve Nooitgedacht, Lagedijk 9a, ☎ 656353, ☎ 06/53793570, IV 0.5

B&B De Vrijheid, Hoogedijk 5, ☎ 654825, ☎ 06/20393534, II 0

B&B Het Hart van Katwoude, Hoogedijk 27, ☎ 742123, ☎ 06/53623624, III 0

Camping Katwoude, Lagedijk 16, ☎ 651210, ☎ 06/12752064 1

Kaasboerderij Simonehoeve, Wagenweg 2, ☎ 365828, ☎ 06/16922730 2

Hotel Volendam, Wagenweg 1, ☎ 365656 2

Volendam

Vorwahl: 0299

i VVV Volendam, Zeestraat 37, ☎ 363747 0.5

H Art Hotel Spaander, Haven 15-19, für Navi: Noordeinde Volendam, ☎ 363595, IV 0

H Marinapark Volendam, Pieterman 1, ☎ 604010, IV 0

H Old Dutch, Haven 142, ☎ 399888, III-IV 0

H Van den Hogen, Haven 106, ☎ 363775, IV 0

B&B Aaf Kes, Pastoor v.d. Weidenstraat 18, ☎ 364507, ☎ 06/13196919 0.5

B&B Bed & Breakfast Volendam, Gouden Slot 23, ☎ 364922, ☎ 06/20593739, II 0.5

B&B DV Groep, Zeestraat 13, ☎ 321678, III-IV 0

B&B Doortje Volendam, Hofstede 1, ☎ 364539, ☎ 06/30633789, III 1

B&B The Studio, Noordeinde 103-104, ☎ 364431, III-IV 0

Bike Totaal, Julianaweg 149, ☎ 363597 0.5

Marken

Vorwahl: 0299

i VVV i-point, Havenbuurt 19c, ☎ 602184 2.5

H Hof van Marken, Buurt II 15, ☎ 601300, IV-V 2.5

B&B Allehens Onderzeil, Rozewerf 5, ☎ 06/53404616 3.5

Edam

Vorwahl: 0299

i VVV Tourist-Info, Damplein 1, (City Hall), ☎ 315125 0

H L'auberge Damhotel Edam, Keizersgracht 1, ☎ 371766, IV 0

H Pension-Cafe De Harmonie, Voorhaven 92-94, ☎ 371664, III-IV 0

H Restaurant De Fortuna, Spuistraat 3, ☎ 371671, IV-V 0

B&B B&B Edam, Jacob Tonissenstraat 14, ☎ 06/14433959, IV 0.5

B&B AH Bed en Breakfast / Fam Weber, Nieuwe Haven 45, ☎ 372597, o.F., IV 0

B&B Carla Lagerburg, Oorgat 52a, ☎ 372580, ☎ 06/55370359, II 0

B&B De Vries, Paulus Pietersstraat 10, ☎ 369884, II 0.5

B&B Marie, Zeedijk 1, ☎ 368086, ☎ 06/51425089, III 0.5

B&B The Garden of Edam, Spuistraat 8, ☎ 06/12085176, V 0

De Dijk, Zeevangszeedijk 6a, ☎ 371709, ☎ 06/44412681, I 0

De Zeevangshoeve, Zeevangszeedijk 5-c, ☎ 371373, ☎ 06/13492672, ☎ 06/17864374, I 0

Ht Strandbad Edam, Zeevangszeedijk 7a, ☎ 371994, I 0

Warder

Vorwahl: 0299

Kleine Weel, IJsselmeerdijk 32, ☎ 372723 0

Oosthuizen

Vorwahl: 0299

P Zonneweelde, Oosteinde 87, ✆ 401317, ✆ 06/53359380 0.5

B&B Het Kerkje van Etersheim, Etersheim 10, ✆ 403907, ✆ 06/13996973, III 0

Scharwoude

B&B Vereniging Meerzicht, T. van der Meerstraat 57, ✆ 06/34007963, II 0

Berkhout

Vorwahl: 0229

,t Venhop, De Hulk 6a, ✆ 551371 0.5

B Westerkogge, Lijsbeth Tijsweg 7, ✆ 088/5002463 2

Hoorn

Vorwahl: 0229

i VVV Agentur - Tourist Info, Westfriese Parkweg 1, ✆ 799060 1

i VVV Tourist-Info-Point, Schuijteskade 1, ✆ 855761 0.5

H Brasserie- en Gevangenis Hotel, Schuijteskade 5, ✆ 820246, IV-V 0.5

H De Keizerskroon, Breed 33, Ecke Kleine Noord 4, ✆ 212717, III-IV 0

H De Magneet, Kleine Oost 5, ✆ 215021, IV-V 0

H Hoorn, Lepelaar 1, ✆ 249844, III 1.5

H Petit Nord, Kleine Noord 53, ✆ 212750, IV 0.5

H Van der Valk Hotel Hoorn, Westfriese Parkweg 1, ✆ 0299/799060, V 1

B&B B & B van Diepen, Eikstraat 7, ✆ 216503, III 0.5

B&B B&B De Zak, Breestraat 9, ✆ 842193, II 0

B&B De Posthoorn, Breed 23, ✆ 214057, ✆ 06/51606266, III-IV 0

B&B Villa Wolkammer, Wolkammer 2, ✆ 578782, ✆ 06/42204245, III 1.5

E-bike Store Hoorn, Kleine Noord 56, ✆ 215729 0.5

Konijn Cycling Centre, Kleine Noord 38- 40, ✆ 241439 0.5

Profile Breed & Meester, De Oude Veiling 23, ✆ 234123 2.5

Fietspoint Ruiter/Bahnhof Hoorn, Stationsplein 1, bei den Fahrradabstellplätzen, ✆ 217096 0.5

Bahnhof Hoorn, Stationsweg 0.5

Wijdenes

Vorwahl: 0229

B&B Nelly's B&B, ,t Wuiver 2b, ✆ 06/50814959, III 1

B&B Boerderij-Camping „De Appelhoek", Zuiderdijk 46, ✆ 501150, ✆ 06/37170378 0

Dekker, Zuideruitweg 7, ✆ 501242 0

Oosterleek

Vorwahl: 0229

H Herberg ,t IJsselmeer, Oosterleek 11, ✆ 503150, II 0

Ht Bh Restinn Osterleek, Zuiderdijk 31, ✆ +31/204609150 0

Bovenkarspel

Vorwahl: 0228

H De Halve Maan, Hoofdstraat 254, ✆ 511262, III 0

H Restaurant Het Roode Hert, Hoofdstraat 235, ✆ 511412, III 0

De Gouwe Stek, De Gouw 11, ✆ 06/51317258 1

Enkhuizen

Vorwahl: 0228

i Touristeninformation, Tussen Twee Havens 1, ✆ 313164 0.5

H Die Port van Cleve, Dijk 74-76, ✆ 312510, III-IV 0

H Herberg de Compagnie, Spoorstraat 10-14, ✆ 323334, III 0

H Het Wapen van Enkhuizen, Breedstraat 59, ✆ 324257, IV 0.5

H Restaurant De Koepoort, Westerstraat 294, ✆ 314966 0

H AH SuyderSee, Koltermanstraat 7, ✆ 316381, III-IV 0

B&B B&B ,n Kat aan ,t Rad, Heiligeweg 23, ✆ 314757, ✆ 06/39549070, III 0.5

B&B B&B ,t Karnemelkhuys, Karnemelksluis 12, ✆ 316375, ✆ 06/33635173, III 0.5

B&B B&B Tuinkamer, Parklaan 8, ✆ 316211, ✆ 06/29120678 0.5

B&B B&B aan de Veste, Noordergracht 56, ✆ 06/39585252 0.5

B&B Bij Ad & An, De Laars 28, ✆ 06/52687735, III 1

B&B Bij de Buren, Bagijnestraat 6, ✆ 315136, ✆ 06/43803434, III 0

B&B Enkhuizen, Westerstr. 157, ✆ 564495, ✆ 6/20362080, III 0

Camping De Vest, Noorderweg 31, ✆ 06/34002609 0.5

Bijl Tweewielers, Piet Smitstraat 1-3, ✆ 321181 0

John Brandhoff Tweewielers, Westerstraat 25, ✆ 511333 0.5

Andijk

Vorwahl: 0228

B&B Bh Restinn Andijk, Rikkerl 10, ✆ 020/4609150, ✆ 06/27170315 1

B&B Te Warskip bij BlokVis, Gedeputeerde Laanweg 10, ✆ 06/20013249, IV 1

B&B Westfriese Stolpboerderij, Knokkel 100, ✆ 593604, II 0.5

S Vakantiepark „Het Grootslag", Proefpolder 4, ✆ 592944 0.5

Wervershoof

Vorwahl: 0228

André van Duin Tweewielers, Zeeweg 43, ✆ 583659 0

Onderdijk (Wervershoof)

Vorwahl: 0228

H Restaurant de Vooroever, Onderdijk 189, ✆ 581001, IV 0

B Ferienpark Vislust, Onderdijk 183, ✆ 0147/6106805 0

Lakkie Tweewielers, Nes 162, ✆ 583946 0

Medemblik

Vorwahl: 0227

i VVV-Agentur Medemblik, Pekelharinghaven 50, ✆ 06/12335841 0

H Medemblik, Oosterhaven 1, ✆ 543844, III 0

B&B Medemblik, Nieuwstraat 26, ✆ 542820, ✆ 06/28465913, III 0

Arado Camping& Lodge, Brakeweg 61, ✆ 541671 1

Tweewielercentrum Leo Smit, Almereweg 41A, ✆ 541200 1

Den Oever

Vorwahl: 0227

i Tourist-Information, Havenweg 1, ✆ 510467 1

B&B Huis van de Wadden, Hofstraat 112-114, ✆ 512399, ✆ 06/12875187, ✆ 06/54325102, III 0.5

B&B Landhuis Fam. Bakker, Vatropperweg 16, ✆ 593340, ✆ 06/21507990, II-III 2.5

B&B H Villa Nieuwland, Gemeenelandweg 116, ✆ 06/20397307, VI 2

Kornwerderzand/Koarnwertersân

i WaddenCenter, Afsluitdijk 1c, ✆ 0517/723026 0

Cornwerd/Koarnwert

Vorwahl: 0515

Sotterum, Sotterumerdijk 11, ✆ 233211, ✆ 06/20747747 0

Makkum

Vorwahl: 0515

H Beach Hotel de Vigilante, Holle Poarte 10, ✆ 238222, III-IV 1.5

H De Waag, Markt 13, ✆ 231447, III-IV 0

H Villa Mar, Ds. L. Touwenlaan 5, ✆ 232468, III-IV 0

B&B B&B N. Laansma, Houtmolen 9, ✆ 232427 0.5

B&B De Schans, Schans 6, ✆ 232082, ✆ 06/20175758, III 0

Recreatiecentrum De Holle Poarte, De Holle Poarte 2, ✆ 231344 1

Workum

Vorwahl: 0515

i Toeristen Informatie, Noard 17, bij Het Boekhuis, ✆ 541314 0

H De Gulden Leeuw, Merk 2, ✆ 542341 0

H Gast-Inn Workum, Sylspaed 75, ✆ 543250, ✆ 06/34198604, III-IV 0

H Wymerts, Noard 37, ✆ 540004, III-IV 0

B&B Welgelegen, Lange Leane 11, ✆ 06/12153202, II-III 0

Bh B&B Op De Hoek Van De Stal, Súd 154, ✆ 542962 0

Camping Sudersé, Slinkewei 8, ✆ 541924, ✆ 06/519 89 889 0.5

It Soal, Suderséleane 29, ✆ 541443 1.5

B&B Welgelegen, Lange Leane 11, ✆ 0514/522442, ✆ 06/12153202 0

Fytsmakkerij Scheltema vof, Súd 74, ✆ 541678 0

Hindeloopen

Vorwahl: 0514

i VVV, Dijkweg 1, ✆ 521420 0

H De Stadsboerderij, Nieuwe Weide 7, ✆ 06/42928952 0

H SkipsHotel, Oosterstrand 3, ✆ 088/0504158, III 0.5

B&B It Haivenhús, Oosterstrand 13, ✆ /06/55758477, ✆ 06/2438204, III 0.5

Camping Hindeloopen, Westerdijk 9, ✆ 521452 0

Schuilenburg 2, Schuilenburg 2, ✆ 521260 0

Koudum

Vorwahl: 0514

P Perruque, Ds.L. Tinholtstraat 2, ✆ 523337, ✆ 06/42861953, III 3

B Vakantiepark De Kuilart, De Kuilart 1, ✆ 522221 4

Venema, Dammenseweg 51, ✆ 521354 3.5

Molkwerum

Vorwahl: 0514

‚t Séleantsje, ‚t Séleantsje 2, ✆ 681395 0

S De Goudsbloem 1876, De Wymerts 10, ✆ 06/41683287 0

Stavoren

Vorwahl: 0514

i Touristinfo, Stationsweg 7, ✆ 682424 0

H Hotel De Vrouwe van Stavoren, Havenweg 1, ✆ 681202, IV-V 0

B&B Basalt aan See, Voorstraat 13, ✆ 681978, ✆ 06/23214060, III 0

B&B De olde Banck, Voorstraat 91, ✆ 852253, ✆ 06/10219196 0

AH Het Hanzehuis, Noord 2, ✆ 681453 0

Camping Súdermeer, Middelweg 15, ✆ 684685, ✆ 088/0504110 0.5

De Roggebroek, Koeweg 44, ✆ 681469 1

Bakhuizen

De Wite Burch, Wite Burch 7, ✆ 0514/581382 1.5

Rijs

Vorwahl: 0514

[H] Gaasterland, Marderleane 21, ✆ 581741, III-IV 1.5

[H] Restaurant Jans, Mientwei 1, ✆ 581250, IV 2

De Vossenhoek, Maderleane 9a, ✆ 581563, ✆ 06/51553502 2

Rijsterbos, Marderleane 4, ✆ 581211 1.5

Oudemirdum

Vorwahl: 0514

[i] VVV-Agentur Gaasterland, De Brink 4, ✆ 571777 0

[H] Restaurant Boschlust, De Brink 3, ✆ 571270, III 0

De Bosrand, Oude Balksterweg 2, ✆ 571319 1

De Waps, Fonteinwei 14, ✆ 571437 0.5

De Wigwam, Sminkewei 7, ✆ 571223 1.5

[B&B] Elfbergen, Beukenlaan 5, ✆ 571235 2

Zonneheuvel, Oude Balksterweg 4, ✆ 06/10548174 1

Nijemirdum

Vorwahl: 0514

[B&B] Lyklamastate, Lyklamawei 4, ✆ 571796, ✆ 06/19204318, III 0

Lemmer

Vorwahl: 0514

[i] VVV, Nieuwburen 1, ✆ 534550 0

[B&B] ,t Lytse Knipke, Ooievaarsnest 29, ✆ 564056, II 0

[B&B] De Stjelp Pleats, Pasveer 6, ✆ 565099, ✆ 06/2718113, ✆ 06/27181139, III 0

[Fw] Camping ,t Lemsterhop, Frieseweg 2, ✆ 561992 0.5

Boerencamping ,t Lemsterhop, Frieseweg 2, ✆ 561992 0.5

Minicamping De Langesloot, Kooiweg 1a, ✆ 06/40853158 1

Tacozijl, Plattedijk 20, ✆ 562003 0

Rijwielhandel Boek, Langestreek 7, ✆ 542570 0

Bant

Natuurkampeeterrein De Veenkuil, Hopweg 21 0.5

Kuinre

[B&B] B&B in Kuinre, Henric de Cranestr. 102R, ✆ 06/13413825, III 0.5

Komgenieten, Kuinderweg 52, ✆ 06/49522273 0.5

Blankenham

[B&B] Ons Stulpje, Buurtsteeg 2, ✆ 06/40918561 0

Baarlo

Veldhuis, Kuinderdijk 5, ✆ 06171/07398 0

Blokzijl

Vorwahl: 0527

[i] VVV-Touristinfo, Brouwerstraat 2, ✆ 06/39587000, III 0

[B&B] Appartementen Westerhof, Kleine Breestraat 1a, ✆ 06/23534644, III 0

[B&B] Mieke&Co, Kerkstraat 17, ✆ 06/13911303, III 0

[B&B] Tussen de Diepen, Duiningermeerweg 1a, ✆ 291565, II-IV 0.5

[AH] Appartementen Westerhof, Lage Wal 2, ✆ 0651851652, II-III 0

De Duin, Vollenhoofsedijk 2, ✆ 0610844147 0.5

De Hendrika Hoeve, Duinweg 8, ✆ 06/51851652 1

[B&B] Tussen de Diepen, Duiningermeerweg 1a, ✆ 291565, III 0.5

Vollenhove

Vorwahl: 0527

[i] Tourist Info, Kerkstr. 88, ✆ 244900 0.5

[H] Stadspaleis OldRuitenborgh, Groenestraat 24, ✆ 244600 0.5

[B&B] Vrouwe Fortuna, Jan v. Dieststraat 6, ✆ 244230, ✆ 06/51978074, II 1

De Oldenhof, Oppen Swolle 7, ✆ 06/22601532 oder 06/13739756 1

Vakantiepark ,t Akkertien op de Voorst, Noordwal 3, ✆ 241378 0

2 Wielers, De Hagen 5, ✆ 241654 0.5

Sint Jansklooster

Vorwahl: 0527

[B&B] Ruigenhof, Leeuwte 64, ✆ 245497, III-IV 0

De Molsbongerd, Leeuwte 27, ✆ 243421, ✆ 06/30039269 0

Het Kamper Erve, Kadoelen 9, ✆ 246448, ✆ 06/10055982 1

Minicamping Het Waterhoentje, Leeuwte 71, ✆ 246674, ✆ 06/50897839 0

Schaarkamp, Schaarweg 6, ✆ 241598, ✆ 06/22737181 1

Kraggenburg

[H] Van Saaze, Dam 16, ✆ 0527/252353, IV 0

[B&B] Speldehof, Kraggenburgerweg 4, ✆ 06/21266805, III 0

Ferienpark De Voorst, Leemringweg 33, ✆ 0527/252524 0.5

Ens

[B&B] De Pipowagen, Enserweg 13, ✆ 06/1360365, III 1.5

IJsselmuiden

Vorwahl: 038

[B&B] [Bh] Alpaca IJsseldelta Logies, Sonnenbergweg 7, ✆ 3315211, ✆ 06/26774462, III 2.5

[B&B] Sonnenberg, Sonnenbergweg 3, ✆ 3322418, ✆ 06/13232753, II 2.5

Seveningen, Frieseweg 7, ✆ 3314891, ✆ 06/14629263 0

Kampen

Vorwahl: 038

[i] Tourist-Info de Stadskazerne, Oudestraat 216, ✆ 2022366, ✆ 06/48196559 0.5

[H] Van Dijk, Ijsselkade 30, ✆ 3314925, III-IV 0.5

[B&B] ,t Geheim Van De Molenaer, IJsseldijk 94, ✆ 3313800, ✆ 06/53381910, III 1.5

[B&B] De Stadsboerderij, Groenestraat 148, ✆ 06/45314453 0

[B&B] Juttershoek, Schoolstr. 2, ✆ 06/30381720 0

[B&B] Olifantspad, Noordwendigedijk 6a, ✆ 0525/621112, ✆ 06/10715164 0.5

B&B Polderpoort, Henk Steenbeekhof 33, ✆ 0623026590, IV 1.5

Elburg

Vorwahl: 0525

i VVV Elburg, Jufferenstrat 8, ✆ 681341 0.5

H Elburg, Smedestraat 5-7, ✆ 683877 0

B&B Buitenplaats Natuurlijk Goed, Winterdijk 6a, Oosterwolde, ✆ 06/42674351, IV 2.5

B&B De Zwanebloem, Zomerdijk 2, ✆ 621724, ✆ 06/39461407, III 0

B&B RIJSGAARDhoeve, Oostendorperstraatweg 22B, ✆ 656530, IV-V 2.5

B&B Rose Garden, Kamperweg 1, ✆ 685849, ✆ 06/21680431, III 0

Landgoed Old Putten, Zuiderzeestraatweg Oost 65, ✆ 681938, ✆ 06/57200739 1

Veluwe Strandbad, Flevoweg 5, ✆ 681480 1

Nunspeet

Vorwahl: 0341

i VVV-Touristinfo, Stationsplein 1, ✆ 274747 2.5

H Fletcher Hotel Veldenbos, Spoorlaan 42, ✆ 252334, II-IV 2

B&B De Droomhoeve, Harderwijkerweg 37, ✆ 251601, III-IV 1.5

Fw Hoeveklaphek, Mezenbergerweg 18d, ✆ 06/10339483 1.5

De Vossenberg, Groenelaantje 25, ✆ 252458 2.5

Groot Grobbenhorst, Molenweg 107, ✆ 252941 0

Kostverloren, Oude Zeeweg 21, ✆ 06/21390264 0.5

Natuurkampeerterrein Nieuw Soerel, Pas-Opweg 1, ✆ 06/55358978 5

Hierden

Vorwahl: 0341

H Kasteel de Essenburgh, Zuiderzeestraatweg 199, ✆ 451841, III 1

De Peperkamp, Duinweg 6, ✆ 453232 1

Harderwijk

Vorwahl: 0341

i Heerlijk Haderwijk, Markt 1, ✆ 06/ 10006180 0.5

H Best Western Hotel Baars, Smeepoortstraat 52, ✆ 412007, V 0

H Marktzicht, Markt 6-10, ✆ 413032 0.5

H Monopole, Buiten de Bruggeport 3, ✆ 412104 0

H Van der Valk, Leuvenumseweg 7, ✆ 801010, V 2

B&B De Stadsboerderij, Weiburglaan 9, ✆ 418241, ✆ 06/51074176, III 1

B&B Logeren aan de Brink, Fokko Kortlanglaan 69, ✆ 563601, ✆ 06/13526558, IV 1.5

B&B Onder De Dekens, Grote Oosterwijck 15, ✆ 432035, ✆ 06/12454961, III 0

B Bungalowpark Het Verscholen Dorp, Boslaan 2, ✆ 820227, o.F. 2.5

De Elzenhof, Horloseweg 14, ✆ 553526 1.5

De Konijnenberg, Korhoenlaan 2, ✆ 413597 2

Bike Totaal, Hierdenseweg 21 0.5

Zeewolde

Vorwahl: 036

i Gemeentehuis, Radhuispl. 1, ✆ 5229522 0.5

H Flevo, Horsterpl. 30, ✆ 06/57583319, III 0

De Dasselaar, Dasselaarweg 57 0.5

Profile Ridder, Marktstraat 6, ✆ 5227440 0

Bunschoten-Spakenburg

Vorwahl: 033

i VVV-Touristinfo, Oude Schans 90, ✆ 2982156 0

H De Mandemaaker, Kerkstraat 103, ✆ 2980255 0

B&B Boat, Bed & Breakfast Albatros, Havenstraat 19, ✆ 06/51334698, III 0

B&B Spakenburg, Von Weberlaan 9, ✆ 2986668, ✆ 06/34794077, III-IV 1

B&B Vúr de diek, Westdijk 38, ✆ 06/50648435, III 0

B&B Nieuwboer, Westdijk 36, ✆ 2982306, ✆ 06/53343083 0

Huizen

Vorwahl: 035

i VVV Huizen, Achterbaan 82, Postadres: Postbus 5, 1270 AA Huizen, ✆ 5250223, ✆ 5446971. im Häusermuseum 1

B&B Krek Wak Wou, De Ruyterstraat 70, ✆ 5257096, II-III 1

Beuker Wielersport, Holleblok 14, ✆ 5259620 0.5

De Fietsenwinkel Huizen, Kerkstraat 27, ✆ 5237048 1

Naarden

Vorwahl: 035

i VVV Tourist-Info, Ruysdaaeplein 6, Utrechtse Poort, ✆ 6942673, ✆ 5446971 0

H NH Naarden, IJsselmeerweg 3, ✆ 6951514, ✆ 0820/890140, IV 0

H Vesting Hotel Naarden, Raadhuisstraat 1, ✆ 7852116, III-IV 0

B&B Buitenminsen, Oud Huizerweg 44/46, ✆ 5266936, ✆ 06/46202785, IV 1

B&B Naarden Vesting, Jan Massenstraat 17, ✆ 06/17238496, IV 0.5

Jachthaven Naarden, Onderwal 4, ✆ 6956050, I 0.5

Bussum

Vorwahl: 035

H Hotel NH Bussum Jan Tabak, Amersfoortsestraatweg 27, ✆ 6959911, V 1.5

B&B ,t keldertje, Albert Neuhuijslaan 14, ✆ 6914622, III 2

B&B B&B Bussum, Parklaan 26, ✆ 06/46220369 2.5

B&B Goudenregen Bussum, Goudenregenstraat 14, ✆ 6982842, ✆ 06/33898932, II 2.5

De Fransche Kamp, Fransche Kampweg 5a, ✆ 6911832, ✆ 06/53171969, I 4

Daatzelaar Bike Totaal, Landstraat 39-41A, 6914873 2

Profile Platje, T. B. Huurmanlaan 17A, 6934566 3

Muiderberg

Vorwahl: 0294

H Het Rechthuis, Googweg 1, 261323, III 0.5

B&B Aan de kade, Nienhuis Ruyskade 11, 06/16774560, III 0

B&B Onder Zeil, Flevolaan 18, 261027, 06/13504861, III 0

Muiden

Vorwahl: 0294

B&B Studio Amuda, Weesperstraat 8, 261362, 06/22560566, III 0

Über die Inseln Texel und Vlieland nach Harlingen

Den Oever

siehe Ijssel

Stroe (Hippolytushoef)

Vorwahl: 0227

B&B Hoeve Dijkzicht, Stroeerweg 48, 512526, 06/16414572, III 1.5

Fw B Recreatiepark Wiringherlant, Noordstroeerweg 1-5, 511423, III 2

,t Wiringherlant, Noordstroeërweg 1-5, 511423 2

Hippolytushoef

Vorwahl: 0227

B&B Een wijde blik ..., Noorderlaan 6, 608730, 06/54917049, III 1

B&B Koningsveld, Elft 87, 592094, 595654, II 0.5

Westerland

Vorwahl: 0227

B&B Huize Doeschot, Damsterpad 6, 06/13172584, 06/13508148, II 0.5

B&B Joke Zaal, Poelweg 23A, 595594, III 0.5

Minicamping De Torenhoeve, Dam 7, 593938, 06/18845055 1.5

Waddenzee, Westerlanderweg 43, 591431 1

Zeezicht, Dam 1-3, 593076, 06/53259150 oder 06/53404587 1.5

Anna Paulowna

Vorwahl: 0223

H De Brug, Binnenhaven 2, 533807, III-IV 2

H Van Ewijcksluis, Van Ewijckspad 1, 721500, 06/29076955, IV 2

B&B Boerderij de Waard, Veerweg 9, 06/24501216, III 1

B&B De Flevohoeve, Boermansweg 5, 0224/593606, 06/44456415, IV 1.5

B&B De Kleihorst, Veerweg 7, 532456, III 0

,t Loze Vissertje, Van Ewijcksvaart 25, 06/27180955 oder 06/27498959 2

Lighthouse, Middenweg 3, 06/21270598 2

Minicamping Lighthouse, Middenweg 3, 0224/593211, 06/20965459 2

Kooij tweewielers: by Jurgen, Cornelis Keijzerlaan 2, 533320 1

Oudesluis

Vorwahl: 0224

P Vakantje Boerderij ,t Bullekroffie, Korte Ruigeweg 43, 591231, 06/10877734 0

B&B ,t Bullekroffie, Korte Ruigeweg 43, 591231, 06/10877734 0

B&B Camping Oudesluis, Grote Sloot 489, 221871, 06/47565425 1

,t Zand

Vorwahl: 0224

Eindeloos, Nollenweg 9, 593160, 06/55998417 1.5

Korenmolen de Hoop, Parallelweg 33, 06/51566660 2.5

Callantsoog

Vorwahl: 0224

Info-Punkt, Dorpsplein 16, 582311, 06/45075474 0

H ,t Zwaantje, Duinroosweg 36, 581477, II-III 0.5

H Fletcher Badhotel, Abbestederweg 26, 582222, II-III 0.5

H Strandhotel De Horn, Previnaireweg 4a, 581242, III-IV 0.5

B&B B&B Aan Zee, Abbestederweg 25, 582336, 06/21202995, II 0.5

B&B Bed and Breakfast Callantsoog, De Gorsen 28, 583748, 06/53226264, III 0.5

B&B Minicamping ,t Klinkertje, Uitlandseweg 6a, 581428, II 1

De Nollen, Westerweg 8, 581281 1.5

Strandpark Roots, Abbestederweg 29, 06/23127607 0.5

Tempelhof, Westerweg 2, 581522 1

Kroon Tweewielers, Jeweldijk 4B, 583639, 06/55217880 1.5

Harry's Tweewielers, Dorpsplein 6, 581787 0

Groote Keeten (Callantsoog)

Vorwahl: 0224

B&B De Riethof, De Riethof 5, ✆ 850326, III-IV 0.5

B&B De Witte Villa, Callantsogervaart 32, ✆ 06/42828480, III 0.5

Callassande, Voorweg 5a, ✆ 0228/587878 1

Julianadorp

Vorwahl: 0223

i Info-Punkt, Van Foreestweg 20, ✆ 640100 2

B&B De Kleine Stern, Van Foreestweg 2e, ✆ 693400, ✆ 06/12283232, III 0.5

B&B Four Seasons, Langevliet 26, ✆ 271371, ✆ 06/49271371, III 2.5

B&B Onder ,t Duin, Van Foreestweg 6, ✆ 641874, ✆ 06/40328081, III 1

B&B Zeeman, Schoolweg 34, ✆ 641443, II 2.5

De Zwaluw, Zanddijk 259, ✆ 641492 0.5

Duinzoomhoeve, Middenvliet 7, ✆ 637385, ✆ 06/23199063, I 0.5

B&B Mariahoeve, Middenvliet 2B, ✆ 637412, ✆ 06/36214267 1

Noorder Sandt, Noorder Sandt 2, ✆ 641266 0.5

Huisduinen

Vorwahl: 0223

H Beatrix Hotel, Badhuisstraat 2-10, ✆ 624000, IV-V 0

H Bosch Duin Srand, Jan Verfailleweg 622a, ✆ 613737, ✆ 06/53948372, III-IV 0.5

H The Baron Crown, Duinweg 34, ✆ 623203, IV-V 1

B&B Gastvrij, Bremstraat 43, ✆ 618952, ✆ 06/29275286, II-IV 1

B&B Uit ,t Zicht, H.W. Mesdagstraat 22, ✆ 627466, ✆ 06/20204344, III 0.5

B&B Van de Geijn, Barkstraat 2b, ✆ 635795, III 1.5

Fw Appartement Bovenjan, Jan Verfailleweg 572, ✆ 06/52601143 oder 06/22452346, III 1

Fw B&B Kustwachterstoren, Zeeweg, ✆ 06/52166259 0

De Donkere Duinen, Jan Verfailleweg 616, ✆ 614731 1

Den Helder

Vorwahl: 0223

i VVV Toeristisch Infocentrum Den Helder, Willemsoord 52, ✆ 616100 0.5

H Café Restaurant Lands End, Havenplein 1, ✆ 621570, IV-V 0

H Café Woud, Binnenhaven 7, ✆ 613473, IV-III 1

H Cape Horn, Zuidstraat 82-83, ✆ 613178, ✆ 06/14488676, III-IV 1

H Den Helder, Marsdiepstraat 2, ✆ 0233/622333, IV-V 1.5

H Forest Hotel, Julianaplein 43, ✆ 614858, IV-V 1

H Wienerhof, Parallelweg 7, ✆ 616895, IV-V 1

B&B Café ,t Boerenverdriet, Zuidstraat 52-53, ✆ 769001, ✆ 06/33136557, III-IV 1

B&B Het Marsdiep, Weststraat 100, ✆ 06/13880830, III 1

Fiets Shopping Centre, Molenstraat 55, ✆ 627117 0.5

Den Hoorn (Texel)

Vorwahl: 0222

H B&B B&B Loodsmans Welvaren, Hoge Achterom 5, ✆ 319228, III-IV 0

H Culinaire Verwennerij Bij Jef, Herenstraat 34, ✆ 319623, VI 0

H Op Diek, Diek 10 , ✆ 319262, IV-V 0

B&B Klif 1, Klif 1, ✆ 888950, ✆ 06/22116274, IV-VI 0

Boerencamping Amalia, Amaliaweg 4, ✆ 319768 1.5

Hoeve Vrij & Blij, Westerweg 80, ✆ 390112 1

De Koog (Texel)

Vorwahl: 0222

H Fw De Pelikaan, Pelikaanweg 18, ✆ 317202, III 1

H Grand Hotel Opduin, Ruijslaan 22, ✆ 317445, IV-V 0

H Het Uilenbos, Boodtlaan 40, ✆ 317423, III-IV 0

H Landgoed Tatenhove, Bosrandweg 202, ✆ 317274, V 0.5

B&B Minicamping De ruige Hoogte, Ruigendijk 16a, ✆ 317626, II-III 0

Jeugdhotel De Zilvermeeuw, Randweg 1-3, ✆ 317339, I 0

Boerderijcamping Anemoonè, Maaikeduinweg 10, ✆ 327220, ✆ 06/30687184 0.5

De Shelter, Boodtlaan 43, ✆ 390112, ✆ 06/13491966 0

Hoeve Nieuwkoop, Pontweg 146, ✆ 06/13063296 1

Kogerstrand, Badweg 33, ✆ 390112, ✆ 06/13491966 0.5

Minicamping Texion, Ruigendijk 22, ✆ 327124, ✆ 327819, ✆ 06/50966251 0

Oudeschild

Vorwahl: 0222

B&B Paal21Texel, Loodssingel 21, ✆ 728156, ✆ 06/10605072 0

B&B Texels Groen, De Ruyterstraat 60, ✆ 312652, ✆ 06/11841173 0

De Vrije Vogel, Laagwaalderweg 21, ✆ 314509, ✆ 06/22639536 1.5

Den Burg (Texel)

Vorwahl: 0222

i VVV Texel, Emmalaan 66, ✆ 314741, ✆ 06/83357827 0.5

H Brasserie Den Burg, Emmalaan 2-4, ✆ 312106, III-IV 0

H De Lindeboom, Groeneplaats 14, ✆ 312041, III-IV 0

H Fletcher Hotel-Restaurant Koogerend, Kogerstraat 94, ✆ 313301, II-III 0

H Lunch & Dinercafé De Smulpot, Binnenburg 5, ✆ 312756, IV-V 0

Ho Stayokay Hostel Texel, Haffelderweg 29, ✆ 315441, I-II 0.5

B&B De Noorderzon, Witte Kruislaan 10, ✆ 315313, ✆ 06/49716394, III 0

B&B Onder de pannen, Vuurvlinder 24, ✆ 785018, III-IV 0.5

B&B Bh Strooppot, Kogerweg 152, ✆ 310803, ✆ 0644484505, III 0.5

B&B Thuis op Texel, Sluyscoog 44, ✆ 06/23638929, III 0.5

B&B Waalderhofje, Waalderstraat 25a, ✆ 707463, ✆ 06/10566591, III 0

Gruppenunterkunft Bloem en Bos, Gerritslanderdijkje 2, ✆ 312216, I 1.5

B De Bremakker, Tempeliersweg 40, ✆ 312863 0.5

De Eagles Ranch, Burgerdijk 4, ✆ 06/13223058 0

De Hal, Hallerweg 33, ✆ 320287, ✆ 06/50255055 oder 06/51183047 1

De Hoge Kamp, Hoornderweg 21, ✆ 310513, ✆ 06/22420051 2

B De Koorn Aar, Grensweg 388, ✆ 312931 1.5

Kampeerplaats Fruithof de Veen, Kadijksweg 10, ✆ 310311, ✆ 06/23881381 1

TexelSun, Marsweg 5, ✆ 313044, ✆ 06/11496036 1

't Woutershok, Rozendijk 38, ✆ 313080 1

De Waal (Texel)

Vorwahl: 0222

H Rebecca, Hogereind 39, ✆ 312745, III-IV 0

Minicamping Ora et Labora, Zaandammerdijk 2, ✆ 318373, ✆ 06/23249201 1

Oosterend (Texel)

Vorwahl: 0222

H Prins Hendrik, Stuifweg 13, ✆ 363020, II-IV 0

De Cocksdorp (Texel)

Vorwahl: 0222

H Anker van Texel, Kikkertstraat 22-24, ✆ 316274, IV 0

H Boutique Hotel Texel, Postweg 134, ✆ 311237, IV-V 1.5

H De Kievit, Hoofdweg 80, ✆ 311466, III-IV 2.5

H Molenbos, Postweg 224-226, ✆ 390112, ✆ 06/13491966, III-IV 0

P De Klok, Kikkertstraat 69, ✆ 316501, ✆ 06/54605781, III 0

De Krim, Roggeslootweg 6, ✆ 390112 0.5

Dünenpark De Robbenjager, Vuurtorenweg 148, ✆ 316258 0

Landal Sluftervallei, Krimweg 102, ✆ 316214 0

Oost-Vlieland

Vorwahl: 0562

VVV-Kantoor, Havenweg 10, ✆ 451111 0

H Badhotel Bruin, Dorpsstraat 88, ✆ 452828, IV-V 0

H De Herbergh van Flielant, Dorpsstraat 105, ✆ 451400, III-IV 0

H Westcord Hotel de Wadden, Dorpsstraat 61, ✆ 452626, II-III 0

H Westcord Strandhotel Seeduyn, Badweg 3, ✆ 451560, ✆ 451577, III-V 0.5

H Zeezicht, Havenweg 1, ✆ 451324, IV-V 0

Ho Torenzicht, Dorpsstraat 182, ✆ 451428, III 0

B&B De Getijden op Vlieland, Berkenlaan 15, ✆ 06/51521465, IV 0.5

De Lange Paal, Postweg 1a, ✆ 451639 0.5

Fw Stortemelk, Kampweg 1, ✆ 451225 1

Fahrrad- und Strandwagenvermietung Frisia, Dorpsstraat 113, ✆ 451501 0

Jan van Vlieland, Havenweg 7, ✆ 451509 0

Zeelen, Dorpsstraat 2, ✆ 451090 0

West-Terschelling

VVV Terschelling, Willem Barentszkade 19a, ✆ 0562/443000 11

Harlingen/Haarls

Vorwahl: 0517

Tourist Information Harlingen, Grote Bredeplaats 12, ✆ 430207 0

H ,t Herrenlogement, Franekereind 23, ✆ 415846, III-IV 0.5

H Almenum, Kruisstraat 8-14, ✆ 434785, ✆ 06/25031173, III-IV 0

H Centraal, Brouwersstraat 12, ✆ 412200, III-IV 0

H Hotel Restaurant Anna Casparii, Noorderhaven 69, ✆ 412065, III-IV 0

H Zeezicht, Zuiderhaven 1, ✆ 412536, II-IV 0

P Douma State, Noordoostersingel 5, ✆ 06/38083827, III 0.5

P Logement Garjen, Noorderhaven 73, ✆ 430627, ✆ 06/51628551, IV 0

B&B ,t Admiraels Huys, Noordijs 15, ✆ 854364, III 0.5

B&B De Riumte, Grensweg 4, ✆ 415625, ✆ 06/23041945, III 1.5

B&B De Rode Kers, Droogstraat 32, ✆ 06/52479005, III-IV 0.5

B&B De Tobbedanser, Nieuwe Trekweg 1, ✆ 859111, ✆ 06/12735551, III-IV 2

B&B De Zeehove, Westerzeedijk 45, ✆ 413465, III-IV 0

B&B NRDRHVN91, Noorderhaven 91, ✆ 06/53380760, IV 0

B&B Oosterpark, Jacob Catsstraat 16, ✆ 396696, ✆ 06/31681791, III 1.5

Surch/Zurich

Vorwahl: 0517

H De Steenen Man, Caspar de Roblesdijk 26, ✆ 579282, ✆ 0515/333640, III-IV 0

B&B De Hofstede, It Leech 1, ✆ 579409, ✆ 06/53173738, III 0.5

Ortsindex

Die Seitenzahlen ab S. 110 beziehen sich auf das Übernachtungsverzeichnis.